DET ULTIMATA KOSTKÖKET

Upptäck 100 läckra recept för att höja dina måltider

Frida Andreasson

Copyright Material ©2023

Alla rättigheter förbehållna

Ingen del av denna bok får användas eller överföras i någon form eller på något sätt utan korrekt skriftligt medgivande från utgivaren och upphovsrättsinnehavaren, förutom korta citat som används i en recension. Den här boken bör inte betraktas som en ersättning för medicinsk, juridisk eller annan professionell rådgivning.

INNEHÅLLSFÖRTECKNING

INNEHÅLLSFÖRTECKNING...3
INTRODUKTION..7
FRUKOST OCH BRUNCH...8
1. Kronärtskocka och keso omelett...9
2. Ägg och kronärtskocka skikt...12
3. Citronmarängpannkakor...15
4. Kesocroissanter..18
5. Kesopannkakor..20
6. Key lime ostiga pannkakor...23
7. Ostaktig spenat Crêpe sid..25
8. Blandade bär keso efterrätt pannkakor................................28
9. Gâteau De Crêpes a La Florentine......................................31
10. Kesofruktskål...34
11. Berry Blast Protein Fruktskål...36
12. Grönkål, paprika och smulad fetaomelett..........................38
13. Korvost Frittata..40
14. Kesojästrullar..42
15. Lök Dill Bröd..44
16. Protein power våfflor..46
17. Ukrainsk frukosthash..48
18. Frukost smörgåsar...51
19. B abbka...53
20. Rödpeppar & Keso Frittatas..56
21. Skorfri skaldjursquiche...58
22. Amish frukostgryta...60
SNACKS OCH aptitretare...63
23. Keso fyllda apelsiner..64
24. Spenat Empanadas..66
25. Asiatiska keso kex..69
26. Cocktailparty köttbullar..71
27. Keso & ananas Pinwheels..73

28. Dessert zucchinifritter..75
29. Chile ostsufflérutor..77
30. Spenat roll-ups..79
31. Strawberry Cottage Cheese Bars..81
32. Fyllda auberginer..84
33. Fyllda svampar med ost..87
34. Kesobollar med chokladglasyr...89
35. Keso Sesambollar..91
36. Kesokakor..93
37. Kesohavrekakor..95
38. Sous Vide äggbitar..97
39. Selleri stockar..100
40. Keso fyllda svampar..102
41. Keso och spenat dip..104
SMÖRGÅR, WRAPS OCH BURGARE..106
42. Marockanska lamm- och harissaburgare................................107
43. Mangoldbruschetta...110
44. Paneer Bhurji Sandwich...113
45. Biff & ost burritos...115
46. Grillat äpple på surdegsmuffins..117
47. Chipotle Cheddar Quesadilla...119
HUVUDRÄTT..121
48. Grillat äpple och ost..122
49. Ostravioli med rosmarin och citron..124
50. Ravioli lasagne..126
51. Carbquik lasagnepaj...128
52. Lasagne i en mugg..131
53. Focaccia al formaggio...133
54. Ostlik kalkonköttfärslimpa..135
55. English Cottage Pie Lasagne..137
56. Bönlasagne...140
57. Pepperoni lasagne...143
58. Linguine med ostsås..145
59. Rustik stugpaj..147
60. Margaritas pasta primavera..150

61. Monterey Jack Souffle 152
62. med kyckling och keso 154
63. Keso Manicotti 157
64. Mamas spenatpaj 159
65. Beef 'n' Noodle Casserole 161
66. Bakad spenat Supreme 163
SALLADER OCH SIDOR 165
67. Kesogrönsakssallad 166
68. Sparris, tomater och keso sallad 168
69. Keso och fruktsallad 171
70. Gurka och keso sallad 173
71. Keso och tomatsallad 175
EFTERRÄTT 177
72. Valnötscheesecake _ 178
73. Tranbärs-apelsincheesecake 180
74. Ananas Nudel Kugel 183
75. Saffran Pistasch Panna Cotta 186
76. Keso tiramisu 188
77. Keso Dadelglass 190
78. Keso Cheesecake 192
79. Burekas 194
80. Fransk osttårta 197
81. Örtiga osttårtor 200
82. Betkaka 203
83. Äppel-ostglass 205
84. Coconut Cheese Cheesecake 207
85. Nudelkugelpaj med keso 210
86. Rosa festsallad 213
87. Stekt ananasdessert 215
88. Cool limesallad 217
KRYDDER 219
89. Kesosås 220
90. Låg fetthalt Scallion Dip 222
91. Stuga ört dressing 224
92. Örtad keso-pålägg 226

93. Keso Salsa...228
94. Keso och honung duggregn..230
95. Keso Pesto..232
SMOOTHIES OCH COCKTAILS....................................**234**
96. Kryddad hallonsmoothie..235
97. Keso Power Shake...237
98. Cheesy vaniljshake..239
99. Bananproteinshake efter träning..241
100. Soja Smoothie..243
SLUTSATS..**245**

INTRODUKTION

Välkommen till "DET ULTIMATA KOSTKÖKET", där den ödmjuka kesoen förvandlas till en kulinarisk stjärna. På sidorna i denna kokbok kommer du att ge dig ut på en resa genom en värld av smak, kreativitet och näring. Keso är inte bara en enkel mejeriprodukt; det är en mångsidig ingrediens som kan blåsa nytt liv i dina måltider.

Vårt kök är en plats där kreativiteten inte känner några gränser. Oavsett om du är en erfaren kock eller nybörjare inom kulinariska konster, hittar du ett brett utbud av recept som kommer att tillfredsställa dina smaklökar och ge din kropp näring. Keso är en källa till protein, kalcium och andra viktiga näringsämnen, vilket gör den till ett värdefullt tillskott till din dagliga kost.

Med 100 aptitretande recept som täcker en rad olika kök och kulinariska stilar, är den här kokboken designad för att inspirera din matlagningsresa. Från salta rätter som fyllda svampar och lasagne till söta läckerheter som cheesecakes och parfaiter, du kommer att upptäcka den verkliga potentialen hos keso.

Så låt oss kavla upp ärmarna, ta på oss våra förkläden och fördjupa oss i kesokökets värld. Det är dags att höja dina måltider och skapa oförglömliga matupplevelser direkt i ditt eget kök.

FRUKOST OCH BRUNCH

1. Kronärtskocka och keso omelett

INGREDIENSER:
- 3 stora ägg
- ¼ kopp keso
- ¼ kopp skivade rädisor
- ¼ kopp hackade kronärtskockshjärtan (konserverade eller marinerade)
- 2 matskedar hackade färska örter (som persilja, gräslök eller basilika)
- Salta och peppra efter smak
- 1 msk olivolja

INSTRUKTIONER:
a) Vispa äggen i en skål tills de är väl vispade. Krydda med salt och peppar.
b) Hetta upp olivoljan i en non-stick stekpanna på medelvärme.
c) Tillsätt de skivade rädisorna och fräs i ca 2-3 minuter tills de mjuknat något.
d) Tillsätt de hackade kronärtskockshjärtan i stekpannan och fräs i ytterligare 1-2 minuter tills de är genomvärmda.
e) Häll de vispade äggen i stekpannan och se till att de täcker grönsakerna jämnt.
f) Låt äggen koka ostört i ett par minuter tills botten börjar stelna.
g) Lyft försiktigt upp kanterna på omeletten med en spatel och luta pannan så att eventuellt okokt ägg flyter ut till kanterna.
h) Skeda keso på ena halvan av omeletten.
i) Strö de hackade örterna över kesoen.
j) Vik den andra halvan av omeletten över kesosidan.

k) Fortsätt koka i ytterligare en minut eller tills omeletten är tillagad till önskad form.
l) Lägg omeletten på en tallrik och skär den på mitten om så önskas.

2. Ägg och kronärtskocka skikt

INGREDIENSER:
- 1 matsked extra virgin olivolja
- 1 medelstor gul lök, hackad
- 8 uns fryst hackad spenat
- ½ dl soltorkade tomater, avrunna och grovt hackade
- 14-ounce burk kronärtskockshjärtan, avrunna och i fjärdedelar
- 2 ½ förpackade koppar baguette i tärningar
- Salt och svartpeppar efter smak
- ⅔ kopp fetaost, smulad
- 8 ägg
- 1 dl mjölk
- 1 kopp keso
- 2 matskedar hackad färsk basilika
- 3 msk riven parmesanost

INSTRUKTIONER:
a) Värm ugnen till 350 F.
b) Hetta upp olivolja i en stor gjutjärnspanna på medelvärme. Lägg till och fräs löken i 3 minuter eller tills den är mjuk.
c) Rör ner spenat och koka tills det är upptinat och det mesta av vätskan har avdunstat. Stäng av värmen.
d) Rör i soltorkade tomater, kronärtskockshjärtan och baguette tills det är bra distribuerad. Krydda med salt och svartpeppar och strö över fetaost överst; avsätta.
e) Vispa ägg, mjölk, keso och basilika i en medelstor skål. Häll i blandningen över spenatblandningen och använd en sked för att försiktigt knacka efter ägg blanda för att fördela väl. Strö över parmesanost.

f) För över stekpannan till ugnen och grädda i 35 till 45 minuter eller tills den är gyllene brun på toppen och äggen stelnade.

g) Ta bort stekpannan; Skär strata i klyftor och servera varma.

3. Citronmarängpannkakor

INGREDIENSER:
MARÄNG
- 4 stora äggvitor
- 3 matskedar socker

PANNKAKOR
- 2 ägg
- ½ kopp keso
- ½ tesked vaniljextrakt
- 1 msk honung
- ¼ kopp dinkelmjöl
- ½ tsk bakpulver
- ¼ tesked bakpulver
- 2 tsk sockerfri citron Jell-O mix

INSTRUKTIONER:
TILL MARÄNGEN

a) Tillsätt äggvitorna i en bunke och vispa tills mjuka toppar bildas. Mjuka toppar uppstår när du drar vispen från blandningen och toppen bildas men faller snabbt.

b) Tillsätt sockret till äggvitorna och fortsätt vispa tills det bildas styva toppar. Styva toppar uppstår när du drar vispen från blandningen och toppen bildas och håller sin form.

c) Ställ marängen åt sidan.

d) Vispa ihop ägg, keso, vanilj och honung och ställ åt sidan.

e) I en annan skål, vispa ihop de torra ingredienserna tills de är väl kombinerade.

f) Tillsätt de våta ingredienserna till de torra ingredienserna och vispa tills det är helt blandat.

g) Spraya en non-stick stekpanna eller stekpanna generöst med vegetabilisk olja och värm på medelvärme.

h) När stekpannan är varm, tillsätt smeten med hjälp av en $\frac{1}{4}$-kopps måttbägare och häll smeten i stekpannan för att göra pannkakan. Använd måtten för att forma pannkakan.

i) Koka tills sidorna ser stelna ut och det bildas bubblor i mitten (cirka 2 till 3 minuter), vänd sedan pannkakan.

j) När pannkakan är tillagad på den sidan, ta bort pannkakan från värmen och lägg den på en tallrik.

k) Fortsätt dessa steg med resten av smeten.

l) Toppa pannkakor med marängen.

m) För att rosta marängen kan du antingen använda en ficklampa för att bryna lätt kanterna eller så kan du poppa de toppade pannkakorna under en het broiler i 2 till 3 minuter.

4. Kesocroissanter

INGREDIENSER:
FÖR DEGEN:
- ⅔ kopp mjölk
- 1¼ kopp (150 g) keso ¼ kopp (60 g, 2 uns) smör
- 1 ägg
- ⅓ kopp (60 g, 2,4 ounces) socker
- 4 koppar (500 g, 18 ounces) universalmjöl
- 1 tsk vaniljsocker
- 1½ tesked aktiv torrjäst
- ½ tsk salt

FÖR GLASYREN:
- 1 äggula
- 2 msk mjölk
- 2 msk mandel, hackad

INSTRUKTIONER:
a) Knåda degen i en brödmaskin. Låt den vila och jäsa i 45 minuter.
b) Kavla ut den färdiglagade degen till en cirkel 16 tum (40 cm) i diameter och dela den i 12 triangulära sektorer. Rulla upp varje triangel, börja med dess breda kant.
c) Lägg rullarna på en plåt täckt med oljat bakplåtspapper och pensla dem med glasyrmixen. Täck med en handduk och låt vila i 30 minuter.
d) Värm ugnen till 400 grader F (200 grader C).
e) Grädda i den förvärmda ugnen tills de är gyllenbruna i 15 minuter.

5. Kesopannkakor

INGREDIENSER:
- ¼ kopp dinkelmjöl
- ½ tsk bakpulver
- ¼ tesked bakpulver
- ⅛ tesked kanel
- ⅛ tesked salt
- 2 stora ägg, vispade
- ½ kopp 2% keso med låg fetthalt
- 1 msk honung
- ½ tesked vaniljextrakt
- Jordgubbar, för servering (valfritt)

INSTRUKTIONER:
a) Tillsätt alla torra ingredienser i en skål och vispa tills det är väl blandat.
b) I en separat skål, vispa ihop de våta ingredienserna.
c) Tillsätt våta ingredienser till de torra ingredienserna och vispa så att de blandas ordentligt.
d) Låt smeten vila i 5 till 10 minuter. Detta gör att alla ingredienser går ihop och ger dig en bättre konsistens för smeten.
e) Spraya en non-stick stekpanna eller stekpanna generöst med vegetabilisk olja och värm på medelvärme.
f) När stekpannan är varm, tillsätt smeten med hjälp av en ¼-kopps måttbägare och häll smeten i stekpannan för att göra pannkakan. Använd måtten för att forma pannkakan.
g) Koka tills sidorna ser stelna ut och det bildas bubblor i mitten (cirka 2 till 3 minuter), vänd sedan pannkakan.
h) När pannkakan är tillagad på den sidan, ta bort pannkakan från värmen och lägg den på en tallrik.

i) Fortsätt dessa steg med resten av smeten. Servera med jordgubbar om så önskas.

6.Key lime ostiga pannkakor

INGREDIENSER:
- 2 ägg
- ½ kopp keso
- ½ tesked vaniljextrakt
- 1 msk honung
- Skal från 1 lime
- ¼ kopp dinkelmjöl
- ½ tsk bakpulver
- ¼ tesked bakpulver
- 2 tsk sockerfri lime Jell-O mix

INSTRUKTIONER:
a) Vispa ihop ägg, keso, vanilj, honung och limeskal och ställ åt sidan.
b) I en annan skål, vispa de återstående ingredienserna tills de är väl kombinerade.
c) Tillsätt de våta ingredienserna till de torra ingredienserna och vispa tills det är helt blandat.
d) Spraya en non-stick stekpanna eller stekpanna generöst med vegetabilisk olja och värm på medelvärme.
e) När stekpannan är varm, tillsätt smeten med hjälp av en ¼-kopps måttbägare och häll smeten i stekpannan för att göra pannkakan. Använd måtten för att forma pannkakan.
f) Koka tills sidorna ser stelna ut och det bildas bubblor i mitten (cirka 2 till 3 minuter), vänd sedan pannkakan.
g) När pannkakan är tillagad på den sidan, ta bort pannkakan från värmen och lägg den på en tallrik.
h) Fortsätt dessa steg med resten av smeten.

7. Ostaktig spenat Crêpe sid

INGREDIENSER:

- 3 ägg
- 1 kopp mjölk
- 1 msk smält smör
- $\frac{3}{4}$ kopp universalmjöl
- $\frac{1}{4}$ tesked salt
- 2 koppar Strimlad Havarti, schweizisk ELLER
- Mozzarellaost, delad
- 2 koppar stuga
- $\frac{1}{4}$ kopp riven parmesanost
- 1 ägg, lätt uppvispat
- 10-ounce förpackning med fryst hackad spenat
- 300g, tinat och pressat torrt
- $\frac{1}{4}$ tesked salt
- $\frac{1}{8}$ tesked peppar
- $1\frac{1}{2}$ dl tomatsås

INSTRUKTIONER FÖR CREPES:

a) Mixa ingredienserna i en mixer eller matberedare i 5 sekunder.

b) Skrapa ner sidorna och mixa smeten i 20 sekunder längre. Täck över och låt stå i minst 30 minuter.

c) Värm en 8-tums nonstick-panna över medelvärme. Pensla med smält smör. Rör om smeten. Häll ca 3 matskedar smet i pannan och tippa snabbt pannan så att den täcker botten. Koka tills botten är lätt brynt, ca 45 sekunder. Vänd crêpen med en spatel och koka ca 20 sekunder längre.

d) Överför till en tallrik. Upprepa med resterande smet, pensla pannan med lite smält smör innan du tillagar varje Crêpe.

FÖR FYLLNING:

e) Reservera ½ kopp Havarti ost. Blanda de återstående ingredienserna. Lägg ½ kopp ostfyllning på varje Crêpe och rulla ihop.

f) Placera sömmen nedåt i en smord 13x9-tums ugnsform. Häll tomatsås på toppen. Strö över reserverad Havarti-ost. Grädda i en 375F ugn, i 20 till 25 minuter eller tills genomvärmd.

8. Blandade bär keso efterrätt pannkakor

INGREDIENSER:
PANNKAKOR:
- 16 uns liten ostmassa keso
- 1 tsk vaniljextrakt
- 3 matskedar honung
- 4 stora ägg
- 1 kopp universalmjöl
- 1 tsk bakpulver
- 2 matskedar vegetabilisk olja

BLANDAD BÄRTOPPING:
- 2 dl blandade bär (jordgubbar, blåbär, hallon)
- 2 matskedar honung
- $\frac{1}{2}$ tsk citronskal

VALFRI GARNERING:
- Myntablad (valfritt)
- Gräddfil
- lönnsirap
- Ytterligare färsk frukt

INSTRUKTIONER:
PANNKAKOR:
a) I en medelstor skål, vispa ihop 4 stora ägg tills de är väl vispade. Tillsätt 16 uns keso, 1 tesked vaniljextrakt och 3 matskedar honung. Vispa tills det är ordentligt blandat.

b) I en separat skål, vispa ihop 1 kopp universalmjöl och 1 tesked bakpulver. Se till att det inte finns några klumpar i mjölblandningen.

c) Vispa gradvis ner de torra ingredienserna i de våta ingredienserna tills en slät pannkakssmet bildas.

d) Värm upp en stor stekpanna på medelhög värme och tillsätt 2 matskedar vegetabilisk olja.

e) När oljan är varm, häll en hög matsked pannkakssmet i stekpannan för varje pannkaka.

f) Koka pannkakorna tills de är gyllene och uppblåsta, ca 2-3 minuter per sida. Använd ett stänkskydd för att minska röran.

g) Lägg över de kokta pannkakorna på en tallrik och täck med en ren kökshandduk för att hålla dem varma medan du tillagar den återstående satsen.

BLANDAD BÄRTOPPING:

h) I en separat skål, kombinera 2 koppar blandade bär, 2 matskedar honung och ½ tesked citronskal.

i) Kasta försiktigt för att täcka bären.

SERVERING:

j) Servera de varma pannkakorna toppade med den blandade bärtoppen.

k) Du kan också lägga till en klick gräddfil, en klick lönnsirap, myntablad eller ytterligare färsk frukt för extra smak.

9. Gâteau De Crêpes a La Florentine

INGREDIENSER:
Gräddsås MED OST, SPENAT OCH SVAMP
- 4 msk smör
- 5 tb fluor
- 2¾ koppar varm mjölk
- ½ tsk salt
- Peppar och muskotnöt
- ¼ kopp tung grädde
- 1 dl grovriven schweizerost
- 1½ dl kokt hackad spenat
- 1 dl färskost eller keso
- 1 ägg
- 1 kopp tärnad färsk champinjoner, tidigare stekta i smör med 2 msk hackad schalottenlök eller salladslök

MONTERING OCH BAKNING
- 24 kokta crêpes, 6 till 7 tum i diameter
- En lätt smörad ugnsform
- 1 msk smör

INSTRUKTIONER:
a) För såsen, smält smöret, rör ner mjölet och koka långsamt i 2 minuter utan att det får färg; Ta bort från värmen, vispa i mjölk, salt och peppar och muskotnöt efter smak. Koka under omrörning i 1 minut, slå sedan i grädden och allt utom 2 matskedar schweizisk ost; låt puttra en stund och korrigera sedan kryddningen.

b) Blanda ner flera matskedar sås i spenaten och korrigera kryddningen noggrant. Vispa färskosten eller keso med ägget, svampen och flera matskedar sås för att göra en tjock pasta; rätt krydda.

c) Värm ugnen till 375 grader.

d) Centrera en crêpe i botten av en lätt smörad ugnsform, bred ut med spenat, täck med en crêpe, bred ut med ett lager av ost-och-svampblandningen och fortsätt så med resten av crêpes och de 2 fyllningarna, avslutar högen med en crêpe.

e) Häll resterande ostsås över högen, strö över de återstående 2 msk riven schweizerost och strö över en matsked smör.

f) Kyl till 30 till 40 minuter före servering, ställ sedan in i övre tredjedelen av den förvärmda ugnen tills bubblande het och osttoppningen har fått lite färg.

10. Kesofruktskål

INGREDIENSER:
- 1 kopp keso
- 1/2 kopp skivade persikor
- 1/2 kopp skivade jordgubbar
- 1/4 kopp hackade valnötter
- 1 msk honung

INSTRUKTIONER:
a) Blanda keso och honung i en skål.
b) Toppa med skivade persikor, skivade jordgubbar och hackade valnötter.

11. Berry Blast Protein Fruktskål

INGREDIENSER:
- 1 kopp keso
- 1/2 kopp blandade bär (som acai, jordgubbar, blåbär och hallon)
- 1/4 kopp granola
- 1 msk chiafrön
- 1 matsked honung (valfritt)

INSTRUKTIONER:
a) Häll kesoen i en skål som bas.
b) Strö de blandade bären ovanpå kesoen.
c) Strö granola och chiafrön över bären.
d) Ringla honung över skålen för extra sötma om så önskas.
e) Servera och njut av bärgodan!

12. Grönkål, paprika och smulad fetaomelett

INGREDIENSER:

- 8 ägg, väl uppvispade
- 1 dl röd paprika, tärnad
- 1/4 kopp salladslök (finhackad)
- 1/2 kopp smulad fetaost
- 3/4 dl grönkål, hackad
- 2 tsk olivolja
- 1/2 tsk italiensk krydda
- Salta och nymalen peppar efter smak
- Gräddost eller stuga (valfritt)

INSTRUKTIONER:

a) Värm olja på medelhög värme i en stor stekpanna. Tillsätt hackad grönkål och koka i ca 3-4 minuter.

b) Tvätta och hacka den röda paprikan. Skiva salladslöken och smula ner fetaosten. Smörj botten av din Slow Cooker med olivolja. Tillsätt hackad röd paprika och skivad grön lök i Slow Cookern med grönkålen.

c) Vispa äggen i en liten skål och häll över övriga ingredienser i Slow Cookern. Rör om väl och tillsätt italienska kryddor. Justera salt och peppar efter smak.

d) Koka på LÅG i 2-3 timmar.

13. Korvost Frittata

INGREDIENSER:
- 8 ägg
- 1 lb korv
- 1 kopp keso
- 2 tsk bakpulver
- 1 dl mjölk
- 3 tomater, hackade
- 2 oz parmesanost, riven
- 6 oz cheddarost, riven
- Peppar
- Salt

INSTRUKTIONER:
a) Bryn korven i en panna och ställ åt sidan.
b) Vispa ägg med mjölk, bakpulver, peppar och salt i en skål.
c) Tillsätt korv, keso, tomater, parmesanost och cheddarost och rör om väl.
d) Häll äggblandningen i den smorda ugnsformen.
e) Välj bakningsläge och ställ sedan in temperaturen till 350°F och tid i 45 minuter. Tryck start.
f) När Ninja Foodi Digital Air Fryer-ugnen är förvärmd, placera sedan bakformen i ugnen.
g) Skiva och servera.

14. Kesojästrullar

INGREDIENSER:
- 2 paket (1/4 uns vardera) aktiv torrjäst
- 1/2 kopp varmt vatten (110° till 115°)
- 2 koppar (16 uns) 4% keso
- 2 ägg
- 1/4 kopp socker
- 2 teskedar salt
- 1/2 tsk bakpulver
- 4-1/2 koppar universalmjöl

INSTRUKTIONER:
a) I en stor skål, lös upp jästen i varmt vatten. Värm keso till 110 ° -115 ° i en liten kastrull. Tillsätt ägg, keso, salt, socker, 2 dl mjöl och bakpulver i jästblandningen. Vispa tills slät. Rör ner tillräckligt med överblivet mjöl för att bilda en fast deg (degen skulle bli klibbig).
b) Vänd upp på en mjölad yta; knåda i cirka 6 till 8 minuter tills den är elastisk och slät. Lägg i en smord skål, vänd en gång för att smörja toppen.
c) Låt jäsa under lock på en varm plats i ca 1 timme tills den har dubbelt så stor storlek.
d) Stansa ner degen. Vänd upp på en lätt mjölad yta; skär i 30 bitar. Forma varje bit till en rulle. På smorda bakplåtar, placera 2 tum från varandra. Täck över och låt jäsa i cirka 30 minuter tills det fördubblats.
e) Grädda i 350° i nästan 10 till 12 minuter eller tills de har fått en gyllenbrun färg. Ta bort till galler.

15. Lök Dill Bröd

INGREDIENSER:
- 2 tsk aktiv torrjäst
- 3-1/2 dl brödmjöl
- 1 tsk salt
- 1 ägg
- 3/4 kopp grädde-stil keso
- 3/4 kopp gräddfil
- 3 matskedar socker
- 3 matskedar hackad torkad lök
- 2 msk dillfrö
- 1-1/2 msk smör

INSTRUKTIONER:
a) Lägg de fyra första ingredienserna i brödmaskinsformen enligt den givna ordningen. Blanda resterande ingredienser i en kastrull och värm sedan tills det är varmt (koka inte).
b) Överför till brödformen.
c) Ställ in maskinen på "vitt bröd" och baka sedan enligt anvisningar från brödmaskinen.

16.Protein power våfflor

INGREDIENSER:
- 6 stora ägg
- 2 dl keso
- 2 dl gammaldags havregryn
- ½ tesked vaniljextrakt
- Nypa koshersalt
- 3 koppar fettfri vanlig yoghurt
- 1 ½ dl hallon
- 1½ dl blåbär

INSTRUKTIONER:
a) Värm ett våffeljärn till medelhögt. Olja lätt toppen och botten av strykjärnet eller belägg med nonstick-spray.
b) Blanda ägg, keso, havre, vanilj och salt i en mixer och mixa tills det är slätt.
c) Häll en liten ½ kopp av äggblandningen i våffeljärnet, stäng försiktigt och koka tills det är gyllenbrunt och knaprigt, 4 till 5 minuter.
d) Lägg våfflorna, yoghurten, hallonen och blåbären i måltidsförberedande behållare.

17. Ukrainsk frukosthash

INGREDIENSER:
- 10 yukon gold eller russet potatisar hackade i tärningar
- 2 msk färsk babydill, hackad
- 1 lök (medium) hackad
- ⅔ kopp surkålsvätska utpressad och finhackad,
- 1 375-grams ring dubbelrökt ukrainsk korv, skivad i cirklar
- 2 ½ dl skivad svamp
- 1 grön paprika hackad
- 2 matskedar vegetabilisk olja
- 3 matskedar smör
- 1 kopp torr keso
- 2 pressade vitlöksklyftor d
- 1 tsk salt
- ½ tsk peppar
- ägg

INSTRUKTIONER:
a) Hacka potatis i tärningar och koka potatis i mikrovågsugnen på en oförtäckt tallrik/fat i cirka 15 minuter eller tills en gaffel lätt kan gå igenom potatisbitar, men de fortfarande är fasta/håller formen.
b) Under tiden: Värm olja i en stor stekpanna/stekpanna till medelhög och fräs kubassa/kielbasa i 3-4 minuter, rör om och vänd regelbundet, ta sedan upp på en tallrik. Avsätta.
c) Tillsätt 1 matsked mer matolja i pannan och fräs sedan grönpeppar, lök och vitlök på medelhög låg nivå i 5 minuter. Tillsätt svamp och koka i ytterligare 3-4 minuter. Ställ åt sidan i en separat skål.

d) Tillsätt smör i pannan och koka potatisen, rör om och vänd regelbundet, i 15 minuter tills den fått färg på utsidan och mjuk inuti.

e) Tillsätt sedan grönpeppar/lökblandningen tillbaka till pannan, såväl som kubassa, surkål, torr keso, maträtt och koka under omrörning i ytterligare cirka 10 minuter.

f) Om du använder ägg: koka ägg efter eget tycke och lägg ovanpå hash.

18. Frukost smörgåsar

INGREDIENSER:
- 1 ägg
- 1 msk torr keso
- ½ tesked dill
- 1 msk gräddfil
- ⅓ kopp skivad ukrainsk kielbasa
- 1 tsk senap
- ½ tsk pepparrot
- 1 engelsk muffins av fullkornsvete
- 2 tomatskivor

INSTRUKTIONER:
a) Rosta engelsk muffins.
b) Spraya insidan av en kaffemugg med non-stick matlagningsspray. Bryt ägget i formen och tillsätt torr keso och dill. Rör försiktigt en sekund och försök att inte bryta sönder äggulan.
c) Sätt äggblandningen i mikrovågsugnen i 30-40 sekunder (med lock) eller tills ägget stelnat. Lossa försiktigt genom att köra en kniv mellan insidan av formen och ägget.
d) Blanda gräddfil, pepparrot och senap. Fördela jämnt på varje sida av den engelska muffinsen.
e) Toppa ena sidan av den engelska muffinsen med skivad kielbasa och skjut försiktigt ut det kokta ägget ur muggen och ovanpå kielbasan.
f) Lägg till skivade tomater. Toppa med andra hälften av engelsk muffins.
g) Servera omedelbart.

19. Булочка

INGREDIENSER:
- 1 pack Aktiv torrjäst
- nypa socker
- ¼ kopp varmt vatten
- ½ kopp osaltat smör, smält
- ¼ kopp socker
- 1½ tsk salt
- 2 tsk vaniljextrakt
- ½ tesked mandelextrakt
- ¾ kopp varm mjölk
- 3 ägg
- 4 koppar oblekt universalmjöl
- 2 msk osaltat smör, för pensling av deg
- 3 msk vaniljpulver eller strösocker
- 1½ koppar torr keso
- ⅓ kopp socker
- 1½ msk gräddfil
- 1½ msk mjöl
- 1 st ägg
- 1 tsk citronskal
- ½ tesked vaniljextrakt
- 3 msk vinbär
- 2 msk Cognac i 1/2 timme

INSTRUKTIONER:
a) Strö jäst och socker över varmt vatten i en liten skål och rör om så att det löser sig. Låt stå tills det skummar, ca 10 minuter. I en stor skål, kombinera smör, socker, salt, vanilj, mandel, mjölk, ägg och 1 kopp mjöl. Vispa till slät med en visp. Tillsätt jästblandningen. Vispa 3 minuter eller tills den är slät.

b) Tillsätt mjöl, ½ kopp i taget med en träslev tills en mjuk deg har bildats. Vänd ut degen på en lätt mjölad yta och knåda tills den är slät och silkeslen, ca 5 minuter.
c) Se till att degen förblir mjuk. Lägg i en smord skål, vänd en gång till att smörja toppen och täck med plastfolie. Låt jäsa på ett varmt ställe tills det fördubblats, ca 1½ timme. Blanda under tiden ingredienserna till fyllningen i en skål, vispa tills det är krämigt. Töm degen försiktigt, vänd ut på ett lätt mjölat bord och rulla eller klappa till en 10 x 12-tums rektangel.
d) Pensla med smält smör. Bred ut med fyllning, lämna en ½ tums kant runt degen. Rulla upp jelly roll mode och nyp sömmar. Håll i ena änden, vrid degen cirka 6 till 8 gånger för att göra ett rep.
e) Forma till en platt spole och placera i en väl smord 10 till 12 koppar form eller rörform. Nyp ihop ändarna och justera degen så att den ligger jämnt i pannan, inte mer än ⅔ full.
f) Täck löst med plastfolie och låt jäsa tills det är jämnt med toppen av pannan, ca 45 minuter. Grädda i en förvärmd ugn på 350 grader F. i 40 till 45 minuter, eller tills den är gyllenbrun och en kakprovare kommer ut ren. Det kommer att höras ett ihåligt ljud när du trycker. Låt stå i 5 minuter i formen och överför sedan från bakplåten till ett galler för att svalna helt.
g) Låt stå i 4 timmar eller över natten, inlindad i plast innan du skivar. Pudra med strösocker eller ringla strösockerglasyr.

20. Rödpeppar & Keso Frittatas

INGREDIENSER:
- ½ röd paprika, tärnad
- 2 Storbritannien stora (USA extra stora) frigående ägg
- 4 msk keso
- 1 msk nyriven parmesanost
- 2 vårlökar (salladslökar), skivade
- 2 tsk färsk hackad persilja
- nypa nyriven muskotnöt
- nypa nymald svartpeppar
- nypa havssalt (kosher).

INSTRUKTIONER:
a) Värm ugnen till 180C fläkt, 350F, Gas Mark 6.
b) Smörj 2 ugnsfasta ramekins och lägg på en plåt.
c) Ta bort frön och kärna från den röda paprikan och tärna. Finhacka vårlöken (salladslöken). Hacka persiljan.
d) Bryt äggen i en skål. Krydda med havssalt, peppar och ett rejält riv av muskotnöt och vispa lätt.
e) Vänd ner keso, röd paprika, vårlök (salladslök) och hackad persilja. Fördela blandningen mellan ramekins och strö över den rivna parmesanosten.
f) Grädda i 18-20 minuter eller tills precis stelnat. Låt svalna lite innan du tar ur formen och serverar.
g) Dessa kan ätas varma eller kylda och packas i en förseglad behållare för frukost på språng.

21. Skorfri skaldjursquiche

INGREDIENSER:
- 4 ägg
- 1 kopp gräddfil
- 1 kopp keso med låg fetthalt
- ½ kopp parmesanost
- 4 matskedar Mjöl
- 1 tsk Lökpulver
- ¼ tesked salt
- 4 uns konserverad svamp; dränerad
- ½ pund Monterey jack ost
- 8 uns sallad räkor
- 1 tsk citronskal
- 1 matsked grön lök toppar,
- 8 uns krabba eller surimi
- 1 tsk citronskal
- ¼ kopp skivad mandel
- 15½ uns Konserverad röd lax
- ½ tesked dillgräs

INSTRUKTIONER:
a) Blanda de första 7 ingredienserna i en mixer. Mixa tills det är slätt. Lägg ost, skaldjur, svamp och krydda i quicheform. Häll blandade ingredienser över.
b) Grädda 350 grader F. i 45 minuter eller tills kniven i mitten kommer ut ren.
c) Låt stå 5 minuter innan du skär

22. Amish frukostgryta

INGREDIENSER:
- 1/2 pund bacon
- 1/2 pund frukostkorv
- 1/2 tsk salt
- 1/2 tsk svartpeppar
- 1/4 tsk vitlökspulver
- 1 tsk varm sås
- 2 stora bakade potatisar, kylda och strimlade
- 1 liten lök, fint tärnad
- 8 uns skarp cheddarost, strimlad - delad
- 8 uns schweizisk ost, strimlad - delad
- 6 ägg, lätt vispade
- 1 1/2 dl keso

INSTRUKTIONER:
a) Börja med att koka bacon och korv. Jag gillar att tillaga mitt bacon i ugnen. Klä bara en stor kantad bakplåt med folie, lägg baconet på plåten och se till att bitarna inte rör vid varandra. Sätt in plåten med bacon i en KALL ugn på mitten av hyllan.
b) Sätt på ugnen på 400 grader och låt baconet koka i ca 18-22 minuter, eller tills baconet är fint och knaprigt.
c) Medan baconet kokar, fräs korven tills den är genomstekt. Ta bort från stekpannan och lägg korven åt sidan på en plåt med hushållspapper. Fräs den hackade löken i samma stekpanna. Du kan också sautera andra grönsaker som du vill ha med just nu (röd eller grön paprika, zucchini, svamp, etc.).
d) När baconet är tillagat, ta försiktigt ut pannan från ugnen och överför baconet till en tallrik klädd med

hushållspapper. När baconet har fått några minuter att rinna av skär du bacon och korv i små lagom stora bitar.
e) I en stor skål kombinera strimlad potatis med salt, svartpeppar, vitlökspulver och varm sås. Rör ner keso och allt utom 1/4-1/2 kopp vardera av cheddar och schweizisk ost (du kommer att använda detta för toppen).
f) Rör i bacon och korv, men se till att reservera 1/4 kopp av varje till toppen.
g) Rör sedan ner eventuella sauterade grönsaker.
h) Rör ner 6 ägg som har vispats lätt.
i) Smörj en 9 x 13 tums form, eller två mindre kastruller om du vill att en gryta ska ätas nu och en att frysa in senare. Bred ut blandningen i pannan/formarna. Toppa med reserverad ost, bacon och korv.
j) Vid det här laget, om du gör detta i förväg, täck grytan med folie och lägg i den
k) kylskåp. Ca 30 minuter innan du ska grädda den, ta ut den från kylen så att den kan börja bli rumstemperatur.
l) Om du planerar att göra det och baka det samtidigt, förvärm ugnen till 350 grader.
m) Grädda grytan i 35-40 minuter, eller tills all ost har smält och bubblar och grytan har satt sig i mitten. Du kan antingen ta bort grytan från ugnen vid det här laget, eller slå på din broiler och steka grytan i några minuter för att bryna osten.
n) Låt grytan svalna i några minuter, skär sedan i bitar och servera.

SNACKS OCH aptitretare

23. Keso fyllda apelsiner

INGREDIENSER:
- 4 apelsiner
- ½ kopp keso
- ¼ kopp torkade tranbär
- ¼ kopp hackade pistagenötter eller pekannötter
- Honung för duggregn

INSTRUKTIONER:

a) Skiva av toppen och botten av varje apelsin, exponera fruktköttet.

b) Skär runt insidan av apelsinen, separera fruktköttet från skalet.

c) I en skål, kombinera keso, torkade tranbär och hackade pistagenötter.

d) Fyll varje apelsin med kesoblandningen.

e) Ringla honung över de fyllda apelsinerna.

f) Servera kyld.

24. Spenat Empanadas

INGREDIENSER:
FÖR BAGERNA:
- 16 uns färskost, mjukad
- ¾ kopp smör, mjukat
- 2 ½ dl mjöl
- ½ tsk salt

FÖR FYLLNING:
- ¼ kopp lök, finhackad
- 3 vitlöksklyftor, hackade
- 4 skivor bacon, kokta och smulade
- 1 msk bacondropp
- 10 uns spenat, fryst, tinad och avrunnen
- 1 kopp keso
- ¼ tesked peppar
- ⅛ tesked mald muskotnöt
- 1 ägg, uppvispat

INSTRUKTIONER:
FÖR BAGERNA:
a) I en stor mixerskål, vispa den mjuknade färskosten och det mjuka smöret tills det är slätt. Du kan använda en stående mixer för detta, eftersom blandningen är tung.

b) Tillsätt gradvis mjöl och salt. Knåda degen lätt för hand tills den går ihop.

c) Täck degen med plastfolie och ställ i kylen i minst 3 timmar.

FÖR FYLLNING:
d) I en medelstor stekpanna, koka den hackade löken och hackad vitlök i bacondropparna tills löken är mjuk men inte brynt.

e) Blanda i smulad bacon, tinad och avrunnen spenat, keso, peppar och mald muskotnöt. Låt blandningen svalna.

HOPSÄTTNING:

f) Värm ugnen till 450°F (230°C).

g) Kavla ut den kylda degen på en mjölad yta till en tjocklek av $\frac{1}{8}$ tum.

h) Använd en 3-tums rund skärare och skär ut cirklar från bakelsen.

i) Placera cirka 1 tesked av den förberedda fyllningen på ena sidan av varje bakverkscirkel, precis utanför mitten.

j) Fukta kanten på bakverkscirkeln med det uppvispade ägget.

k) Vik degen på mitten över fyllningen, skapa en halvcirkelformad empanada.

l) Förslut kanterna genom att trycka till dem med gaffelpinnar.

m) Använd gaffeln för att sticka i toppen av varje bakverk för att skapa en öppning.

n) Lägg empanadan på en otsmord plåt.

o) Pensla topparna på empanadan med det uppvispade ägget.

p) Grädda i den förvärmda ugnen i 10 till 12 minuter eller tills de blir gyllenbruna.

q) Njut av dina läckra spenat Empanadas!

25. Asiatiska keso kex

INGREDIENSER:

- 400 gram keso
- 200 gram cocktailtomater
- 160 gram mjöl
- 1 kopp färsk basilika
- 1 kopp färsk gräslök
- 1 matsked olivolja
- 1 matsked asiatiska örter
- En nypa grovt havssalt
- En nypa hela regnbågspepparkorn

INSTRUKTIONER:

a) Värm ugnen till 200°C (392°F) för att säkerställa bästa resultat för dina kex.

b) Börja med att tvätta cocktailtomaterna, ta bort saften och fröna och skär dem i fint tärningar. Skiva färsk basilika och gräslök tunt.

c) I en skål, kombinera keso, färsk basilika och färsk gräslök med mjölet. Krydda blandningen med en nypa Kotányi havssalt och regnbågspeppar efter din smak. Rör ner 1 matsked Kotányi asiatiska örter och blanda noggrant.

d) Klä en plåt med bakplåtspapper och ringla över olivoljan. Forma blandningen till rundlar och lägg dem på plåten. Grädda i den förvärmda ugnen i cirka 8-10 minuter. Kom ihåg att vända rundlarna halvvägs genom tillagningstiden och toppa dem med de finhackade tomaterna.

26. Cocktailparty köttbullar

INGREDIENSER:
- ¼ kopp Fettfri keso
- 2 äggvitor
- 2 teskedar Worcestershire sås
- ½ kopp Plus 2 matskedar vanligt brödsmulor
- 8 uns malet kalkonbröst
- 6 uns kalkonkorv; avlägsnas från höljena
- 2 matskedar Hackad lök
- 2 matskedar Finhackad grön paprika
- ½ kopp Klippt färsk persilja och bladselleri

INSTRUKTIONER:
a) Spraya en bakplåt med no-stick spray och ställ åt sidan.
b) I en stor skål, rör ihop keso, äggvita, Worcestershiresås och ½ kopp brödsmulor. Rör ner kalkonbröst, kalkonkorv, lök och grön paprika.
c) Forma fågelblandningen till 32 köttbullar. På ett ark vaxpapper, kombinera persilja, bladselleri och de återstående 2 matskedar brödsmulor. Rulla köttbullarna i persiljeblandningen tills de är jämnt täckta.
d) Överför köttbullarna till den förberedda plåten. Stek 3 till 4 tum från värmen i 10 till 12 minuter.

27. Keso & ananas Pinwheels

INGREDIENSER:
- 2 1 oz 30 g skivor utan skorpa Vitt bröd
- 2 tsk pålägg med låg fetthalt.
- 2 uns 60 g Låg fetthalt keso med ananas
- Mandel eller osaltade jordnötter finhackade

INSTRUKTIONER:
a) Täck brödskivorna jämnt med pålägget med låg fetthalt.
b) Spara 2 tsk av kesoen och fördela resten mellan brödpålägget så att det täcker ytan.
c) Rulla ihop till korvformar
d) Mosa den reserverade kesoen med en tesked tills den är slät och bred sedan ut lite längs med den rullade smörgåsen.
e) Rosta lätt de hackade nötterna och strö dem längs rullen. Servera på en gång.

28. Dessert zucchinifritter

INGREDIENSER:
- 2 ägg
- ⅔ kopp keso med låg fetthalt
- 2 skivor Vitt eller WW smulat bröd
- 6 teskedar socker
- 1 skvätt salt
- ½ tsk bakpulver
- 2 teskedar vegetabilisk olja
- 1 tsk vaniljextrakt
- ½ tsk mald kanel
- ¼ tesked mald muskotnöt
- ⅛ tesked Mald kryddpeppar
- 2 msk russin
- 1 kopp Slutligen strimlad zucchini oskalad

INSTRUKTIONER:
a) Blanda alla ingredienser utom russin och zucchini. Mixa tills det är slätt.
b) Häll blandningen i en skål.
c) Rör ner zucchini och russin i äggblandningen.
d) Förvärm en nonstick-panna eller stekpanna på medelhög värme.
e) Släpp smeten på grillen med en stor sked, gör 4-tums kakor.
f) Vänd fritterna försiktigt när kanterna verkar torra.

29. Chile ostsufflérutor

INGREDIENSER:
- 8 matskedar riktigt smör
- ½ kopp mjöl
- 1 tsk bakpulver
- skvätt salt
- 10 ägg
- 7 uns kan fyra rostade gröna chili, avrunnen
- 2 dl keso
- 1 pund Monterey jack ost, strimlad

INSTRUKTIONER:
a) Skiva smör i stora bitar och lägg i en 9×13 panna.
b) Sätt in formen i ugnen och förvärm till 400 grader.
c) Vispa ihop mjöl, bakpulver och salt i en stor bunke.
d) Tillsätt 1-2 ägg och vispa blandningen tills det inte finns några klumpar.
e) Tillsätt resterande ägg och vispa till en slät smet.
f) Rör i grön chili, keso och jack cheese och rör om tills det precis blandas.
g) Ta ut kastrullen från ugnen och luta pannan så att smöret täcker överallt och häll sedan försiktigt smöret i äggblandningen och rör om så att det blandas.
h) Häll tillbaka blandningen i den varma pannan.
i) När ugnen är förvärmd sätt in pannan i ugnen och tillaga i 15 minuter.
j) Sänk värmen till 350 grader och koka i ytterligare 35-40 minuter, eller tills toppen är gyllene och lätt brynt.
k) Låt svalna i 10 minuter innan du skär upp i rutor och serverar.

30. Spenat roll-ups

INGREDIENSER:
- 6 uns lasagnenudlar, okokta
- 10 uns spenat, fryst
- 1 kopp keso med låg fetthalt 2%
- 2 msk parmesan, riven
- ¾ tesked Muskotnöt
- ¼ tesked peppar
- ½ tsk apelsinskal
- ½ msk finhackad vitlöksklyfta
- ½ kopp hackad lök
- 3 matskedar Extra Virgin olivolja
- ½ msk basilika, torkad
- 16 uns tomatsås, konserverad

INSTRUKTIONER:
a) Medan de 8 lasagnenudlarna kokar.
b) Blanda ingredienserna 2 till 7 för fyllningen.
c) Kyl de kokta nudlarna och lägg ut dem platt.
d) Bred ut två eller tre matskedar av fyllningen på kokta nudlar och rulla ihop dem från början till slut.
e) Stå upp i en två-kvarts gryta eller smord åtta-tums fyrkantig panna.
f) Förbered såsen av resten av ingredienserna.
g) Fräs vitlök och lök i olivolja tills de är mjuka.
h) Tillsätt basilika och tomatsås. Rör om för att blandas helt.
i) Häll över lasagnenudlarna och grädda i 350 grader i 20 minuter.

31. Strawberry Cottage Cheese Bars

INGREDIENSER:
- 16 uns kartong med keso
- 2 matskedar mjöl
- ¾ kopp socker
- 2 ägg, väl uppvispade
- Rivet citronskal
- 2 msk citronsaft
- ¼ kopp tung grädde
- Nypa salt
- 2 teskedar vanilj
- ½ tesked muskotnöt
- ½ kopp gyllene russin
- ½ kopp hackade valnötter
- 1 kopp färska jordgubbar, skalade och skivade plus mer till garnering
- Myntablad, två garnering

INSTRUKTIONER:
a) Värm ugnen till 350°F (175°C).
b) Förbered en ugnsform genom att smörja den med matlagningsspray eller smör.
FÖRBEREDA FYLLNINGEN:
c) I en stor skål, kombinera keso, mjöl, socker, citronskal, citronsaft, tjock grädde, salt, vanilj, muskotnöt och gyllene russin.
d) Rör om tills alla ingredienser är väl kombinerade.
e) Vänd försiktigt ner de skivade färska jordgubbarna i blandningen. Jordgubbarna kommer att ge en burk av fruktig smak till barerna.
BAKA:

f) Häll blandningen i den förberedda ugnsformen och fördela den jämnt.
g) Strö de hackade nötterna ovanpå.
h) Grädda i cirka 45 minuter, eller tills staplarna har stelnat.
i) När du har bakat klart kan du strö lite mer muskot över toppen för extra smak.
j) Garnera med några färska jordgubbar och myntablad.
k) Kyl innan du skär.

32. Fyllda auberginer

INGREDIENSER:
- 4 små auberginer, halverade på längden
- 1 tsk färsk limejuice
- 1 tsk vegetabilisk olja
- 1 liten lök, hackad
- ¼ tesked vitlök, hackad
- ½ liten tomat, hackad
- Salta och mald svartpeppar efter behov
- 1 msk keso, hackad
- ¼ grön paprika, kärnade och hackad
- 1 msk tomatpuré
- 1 msk färsk koriander, hackad

INSTRUKTIONER:
a) Skär försiktigt en skiva från ena sidan av varje aubergine på längden.

b) Med en liten sked, ös ut köttet från varje aubergine, lämna ett tjockt skal.

c) Lägg över aubergineköttet i en skål.

d) Ringla auberginerna med limejuice jämnt.

e) Tryck på AIR OVEN MODE-knappen på Ninja Foodi Digital Air Fry-ugn och vrid ratten för att välja "Air Fry"-läge.

f) Tryck på knappen TIME/SLICES och vrid ratten igen för att ställa in tillagningstiden på 3 minuter.

g) Tryck nu på TEMP/SHADE-knappen och vrid ratten för att ställa in temperaturen på 320 °F.

h) Tryck på "Start/Stopp"-knappen för att starta.

i) Öppna ugnsluckan när enheten piper för att visa att den är förvärmd.

j) Ordna de ihåliga auberginema i den smorda air fry-korgen och sätt in i ugnen.

k) Under tiden, i en stekpanna, värm oljan på medelvärme och fräs löken och vitlöken i cirka 2 minuter.
l) Tillsätt aubergineköttet, tomaten, saltet och svartpeppar och fräs i cirka 2 minuter.
m) Rör ner ost, paprika, tomatpuré och koriander och koka i ca 1 minut.
n) Ta bort kastrullen med grönsaksblandningen från värmen.
o) När tillagningstiden är klar öppnar du ugnsluckan och lägger upp de kokta auberginema på en tallrik.
p) Fyll varje aubergine med grönsaksblandningen.
q) Stäng var och en med sin skurna del.

33. Fyllda svampar med ost

INGREDIENSER:
- 1 msk smör, mjukat
- 1 schalottenlök, hackad
- 2 vitlöksklyftor, hackade
- 1 ½ dl keso, i rumstemperatur
- 1/2 kopp Romano ost, riven
- 1 röd paprika, hackad
- 1 grön paprika, hackad
- 1 jalapenopeppar, finhackad
- 1/2 tsk torkad basilika
- 1/2 tsk torkad oregano
- 1/2 tsk torkad rosmarin
- 10 medelstora knappsvampar, stjälkarna borttagna

INSTRUKTIONER:
a) Tryck på "Sauté"-knappen för att värma upp din Instant Pot. När det är varmt smälter du smöret och fräser schalottenlöken tills den är mjuk och genomskinlig.

b) Rör ner vitlöken och koka ytterligare 30 sekunder eller tills den är aromatisk. Tillsätt nu de återstående ingredienserna, förutom svampkapsylerna, och rör om så att det blandas väl.

c) Fyll sedan svamplocken med denna blandning.

d) Tillsätt 1 kopp vatten och en ångkorg till din Instant Pot. Ordna de fyllda svamparna i ångkokkorgen.

e) Säkra locket. Välj "Manuellt" läge och Högtryck; koka i 5 minuter. När tillagningen är klar, använd en snabb tryckavlastning; ta försiktigt av locket.

f) Lägg upp den fyllda svampen på ett serveringsfat och servera. Njut av!

34. Kesobollar med chokladglasyr

INGREDIENSER:
- 500 gram fet keso
- 300 gram kokosolja
- 2 matskedar. Synd
- 100 gram mörk choklad
- 50 ml grädde

INSTRUKTIONER:
a) Kombinera keso och skalet i en stor mixerskål. Rör i 200 gram kokosolja tills blandningen har en jämn färg.
b) Små bollar ska formas och sedan läggas ut i en behållare innan de fryses i 15 minuter. Smält chokladbitarna i vattenbad på låg värme. 100 gram kokosolja och grädde ska tillsättas.
c) Koka i 5 minuter efter att du rört i massan. Lägg de frysta kesobollarna i frysen i 25 minuter efter att ha täckt dem med chokladglasyr.

35. Keso Sesambollar

INGREDIENSER:
- 16 uns bondost eller keso
- 1 dl finhackad mandel
- 1 och 1/2 kopp havregryn

INSTRUKTIONER:
a) I en stor skål, kombinera blandad keso, mandel och havregryn.
b) Gör bollar och rulla i sesamfrönmix.

36. Kesokakor

INGREDIENSER:
- ½ kopp smör eller smörersättning
- 1½ koppar mjöl
- 2 tsk bakpulver
- ½ kopp keso
- ½ kopp socker
- ½ tsk salt

INSTRUKTIONER:
a) Grädde smör och ost tills det är ordentligt blandat. Sikta mjöl, mät upp och sikta med socker, bakpulver och salt. Tillsätt gradvis till den första blandningen. Forma till en limpa. Kyl över natten. Skiva tunt.

b) Lägg på en lätt oljad bakplåt. Grädda i måttlig ugn (400 F) 10 minuter, eller tills den är känslig brun.

37. Kesohavrekakor

INGREDIENSER:
- 1 kopp mjöl
- 1 tsk salt
- ½ tesked bakpulver
- 1 tsk kanel
- 1½ dl socker
- ½ kopp melass
- 1 Vispa ägget
- 1 tsk citronskal
- 1 msk citronsaft
- ¾ kopp smält matfett
- ½ kopp gräddad keso
- 3 koppar snabbkokt havregryn

INSTRUKTIONER:
a) Sikta ihop mjöl, salt, bakpulver och kanel. Blanda de följande fem ingredienserna och tillsätt sedan den siktade mjölblandningen, matfettet och keso.

b) Blanda i havregryn. Häll av teskedar på en smord plåt och grädda i 350-375 grader tills den är klar.

38. Sous Vide äggbitar

INGREDIENSER:
- 1/2 tsk salt
- 4 ägg
- 4 skivor bacon, hackade
- 3/4 kopp parmesanost, riven
- 1/2 dl keso, riven
- 1/4 kopp tung grädde
- 1 kopp vatten

INSTRUKTIONER:
a) Slå på snabbgrytan, tryck på knappen 'sauté/sjuda', vänta tills den är varm och tillsätt baconet.
b) Koka hackat bacon i 5 minuter eller mer tills det är knaprigt, överför det till en tallrik klädd med hushållspapper, låt vila i 5 minuter och smula sedan sönder det.
c) Knäck ägg i en skål, smaka av med salt, tillsätt ostar och grädde och mixa till en slät smet. Fördela smulad bacon jämnt mellan formarna på en silikonbricka, smord med olja, häll sedan i äggblandningen till 3/4-del full och täck brickan löst med folie.
d) Tryck på knappen 'håll varm', häll vatten i snabbgrytan, sätt sedan in underläggsstället och placera silikonbrickan på den.
e) Stäng snabbgrytan med locket i stängt läge, tryck sedan på knappen 'ånga', tryck på '+/-' för att ställa in tillagningstiden till 8 minuter och tillaga på högtrycksinställning; när trycket ökar i grytan startar tillagningstimern.
f) När den omedelbara grytan surrar, tryck på knappen 'håll varm', släpp trycket naturligt i 10 minuter, gör sedan

en snabb tryckavlastning och öppna locket. Ta ut brickan, avtäck den och vänd upp pannan på en tallrik för att ta ut äggbitarna.

39. Selleri stockar

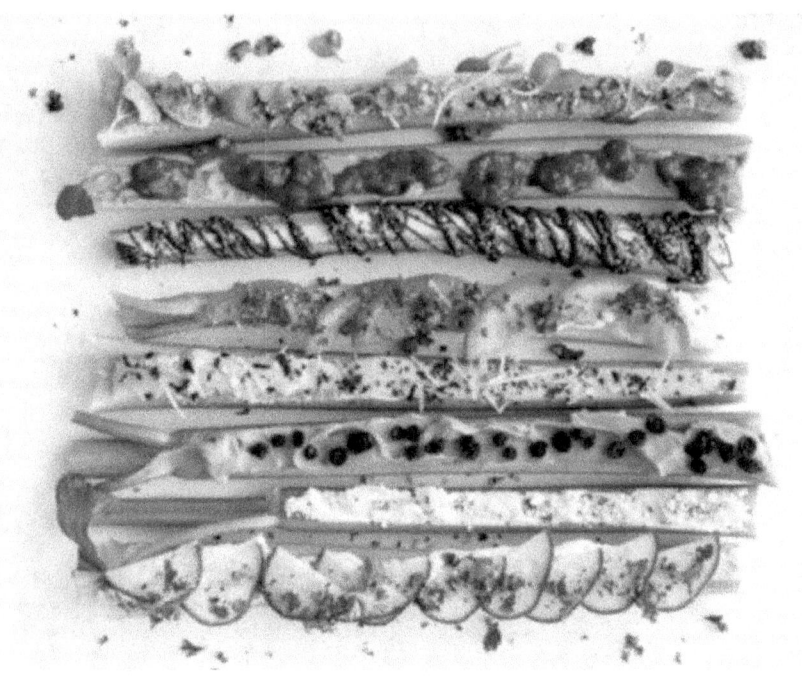

INGREDIENSER:
- 1 morot, strimlad
- ¼ kopp russin
- ½ kopp keso med låg fetthalt
- 6 stjälkar selleri, skurna i 3-tums bitar

INSTRUKTIONER:
a) I en liten skål, blanda ihop morötter, russin och keso.
b) Toppa selleribitarna med blandningen.

40. Keso fyllda svampar

INGREDIENSER:

- 12 stora svampar, rensade och stjälkarna borttagna
- 1 kopp keso
- 1/4 kopp riven mozzarellaost
- 2 msk färsk persilja, hackad
- 1/2 tsk vitlökspulver
- Salta och peppra efter smak

INSTRUKTIONER:

a) Värm ugnen till 375°F (190°C).
b) Kombinera keso, mozzarellaost, hackad persilja och vitlökspulver i en skål.
c) Krydda med salt och peppar, anpassa efter smak.
d) Fyll varje svamplock med kesoblandningen.
e) Lägg de fyllda svamparna på en plåt.
f) Grädda i 15-20 minuter eller tills svampen är mjuk och osten smält och gyllene.
g) Servera varm som en läcker förrätt eller tillbehör.

41. Keso och spenat dip

INGREDIENSER:

- 1 kopp keso
- 1 dl färsk spenat, finhackad
- 1/4 kopp riven parmesanost
- 2 vitlöksklyftor, hackade
- 1 tsk citronsaft
- Salta och peppra efter smak

INSTRUKTIONER:

a) I en matberedare, kombinera keso, hackad spenat, riven parmesanost, hackad vitlök och citronsaft.
b) Mixa tills blandningen är slät.
c) Krydda med salt och peppar, anpassa efter smak.
d) Överför dippen till en serveringsskål.
e) Servera med färska grönsaker, kex eller pitabröd.

SMÖRGÅR, WRAPS OCH BURGARE

42. Marockanska lamm- och harissaburgare

INGREDIENSER:
- 500 g lammfärs
- 2 msk harissapasta
- 1 msk spiskummin
- 2 knippen arvegods morötter
- ½ knippe mynta, blad plockade
- 1 msk rödvinsvinäger
- 80g röd Leicesterost, grovriven
- 4 fröade briochebullar, delade
- ⅓ kopp (65 g) keso

INSTRUKTIONER:
a) Klä en bakplåt med bakplåtspapper. Lägg färsen i en skål och krydda rikligt. Tillsätt 1 msk harissa och blanda väl med rena händer.
b) Forma lammblandningen till 4 biffar och strö över spiskummin. Lägg på förberedd bricka, täck över och kyl tills de behövs (låt biffarna få rumstemperatur före tillagning).
c) Blanda under tiden morot, mynta och vinäger i en skål och ställ åt sidan för att sylta lite.
d) Värm en grill eller chargrillpanna till medelhög värme. Grilla biffarna i 4-5 minuter på varje sida eller tills en bra skorpa bildats. Toppa med ost, täck sedan (använd folie om du använder en grillpanna) och koka, utan att vända, i ytterligare 3 minuter eller tills osten har smält och biffarna är genomstekta.
e) Grilla briochebullar, med snittsidan nedåt, i 30 sekunder eller tills de är lätt rostade. Dela keso mellan bullbottnar, toppa sedan med inlagd morotsblandning.

f) Tillsätt biffar och resterande 1 msk harissa. Sätt på locken, kläm ihop så att harissan sipprar ner på sidorna och fastnar.

43. Mangoldbruschetta

INGREDIENSER:
- ½ pund röd mangold
- 4 vitlöksklyftor, hackade
- Nonstick olivolja matlagningsspray
- 2 matskedar vatten
- 1 msk Malet dill
- Salt och peppar
- ½ kopp fettfri keso
- 24 skivor franskbröd, rostat
- 2 tsk smör
- ½ kopp Färskt brödsmulor

INSTRUKTIONER:
a) Ta bort stjälkarna från mangold och skär i ½-tums bitar. Skär bladen i 2-tums bitar.
b) Fräs hackade mangoldstjälkar och 2 vitlöksklyftor i en stekpanna sprejad med nonstick-spray på medelvärme i 1 minut.
c) Tillsätt vatten, minska värmen och låt sjuda under lock tills det är mjukt, cirka 10 minuter.
d) Rör ner hackade mangoldblad och koka på hög värme tills de vissnat, 1 till 2 minuter.
e) Sänk värmen, täck och låt sjuda i ytterligare 10 minuter.
f) Ta av från värmen och rör ner dill. Smaka av med salt och peppar. Avsätta.
g) Mixa keso i en mixer eller matberedare tills den är slät.
h) Rör i salt efter smak. Smält smör i en liten stekpanna på medelhög värme.

i) Tillsätt de återstående 2 vitlöksklyftorna och fräs under omrörning tills de är mjuka men inte fått färg, cirka 1 minut.

j) Rör i brödsmulor för att täcka med vitlök och smör och koka, rör om, tills de fått färg, 1 till 2 minuter.

k) Bred ut ca 1 tsk mosad keso på varje skiva rostat bröd.

l) Toppa med ca 1 msk mangold, strö sedan över rostade brödsmulor.

44. Paneer Bhurji Sandwich

INGREDIENSER:
- ½ tesked grön chili, hackad
- 1 ½ msk färsk koriander, hackad
- 4 brödskivor
- ½ kopp keso
- 2 matskedar tomater
- ¼ tesked Pepparpulver
- En nypa gurkmejapulver
- ¼ tesked spiskummin
- Salt
- 1 ½ tsk klarnat smör

INSTRUKTIONER:
a) Värm ghee eller olja i en panna och tillsätt spiskummin.
b) När fröna börjar krackelera, tillsätt den gröna chilin och rör om.
c) Rör ner den hackade tomaten i några sekunder, eller tills den mjuknar.
d) Blanda i gurkmeja och paneer.
e) Rör ner pepparpulvret och saltet och rör om i några sekunder.
f) Blanda i den hackade koriandern i pannan.
g) Bred ut smör på ena sidan av varje bröd.
h) Lägg en skiva på grillen och fördela hälften av paneerfyllningen över den.
i) Täck med ytterligare en bit bröd, smörsidan uppåt och grilla tills den är gyllene.
j) Ta bort från grillen och skär i två bitar.

45. Biff & ost burritos

INGREDIENSER:
- 4 uns Nötfärs, magert
- 4 salladslökar, skivade
- 1 vitlöksklyfta, hackad
- ½ kopp salsa
- ½ kopp keso med låg fetthalt
- 1 tsk majsstärkelse
- ¼ tesked torkad oregano. krossad
- 2 mjöltortillas, 6 tum
- ¼ kopp mozzarellaost, strimlad

INSTRUKTIONER:
a) Koka köttfärs, lök och vitlök i en liten kastrull tills köttet inte längre är rosa och löken är mör. Töm av tunnan.
b) Kombinera 2T av salsan, keso, majsstärkelse och oregano. Tillsätt köttblandningen i kastrullen.
c) Koka och rör om tills det tjocknat och bubbligt. Koka och rör om i ytterligare 2 minuter.
d) Fördela köttblandningen mellan tortillas; rulla upp. Täck över och håll varmt. Värm resterande salsa i samma kastrull. Häll över burritos. Toppa med ost.

46. Grillat äpple på surdegsmuffins

INGREDIENSER:
- 1 litet Rött Delicious äpple
- ½ kopp keso
- 3 matskedar Finhackad lila lök
- 2 surdegsmuffins, delade och rostade
- ¼ kopp smulad ädelost

INSTRUKTIONER:

a) I en liten skål, kombinera keso och lök och rör om noggrant.

b) På varje halv muffins, bred ut ca 2 tsk kesoblandning.

c) Placera 1 äppelring ovanpå varje muffinskopp; jämnt, strö smulad ädelost över äppelringarna.

d) Lägg på en bakpanna och grilla i 1-12 minuter, eller tills ädelost smält, 3 tum från lågan.

47. Chipotle Cheddar Quesadilla

INGREDIENSER:

- 4 tortillas
- 2 dl keso
- 2 koppar cheddarost, strimlad)
- 1 röd paprika, tunt skivad)
- 1 dl Portobellosvamp, tunt skivad
- 2-3 msk Chipotlekrydda
- Mild salsa (för doppning)

INSTRUKTIONER:

a) Lägg paprikan (skivad, röd) och svampen (skivad) i en stor grillpanna på medelvärme.
b) Koka i cirka 10 minuter tills de är mjuka. Ta bort och överför sedan till en skål (medium). Avsätta.
c) Tillsätt chipotlekrydda och keso i en liten skål. Rör om väl för att blanda in.
d) Lägg tortillorna på grillpannan och häll grönsaksblandningen över tortillorna.
e) Strö kesoblandning över toppen och toppa sedan med cheddarosten (strimlad).
f) Lägg ytterligare en tortilla ovanpå fyllningen.
g) Koka i cirka 2 minuter och vänd sedan och fortsätt koka i en minut till.
h) Upprepa processen med återstående tortillas och fyllning.
i) Servera genast med salsan (mild).

HUVUDRÄTT

48. Grillat äpple och ost

INGREDIENSER:
- 1 liten Rött läckert äpple
- $\frac{1}{2}$ kopp 1% keso med låg fetthalt
- 3 matskedar Finhackad lila lök
- 2 Engelska surdegsmuffins, delade och rostade
- $\frac{1}{4}$ kopp Smulad ädelost

INSTRUKTIONER:
a) Kärna ur äpplet och skär korsvis i 4 ($\frac{1}{4}$-tums) ringar; avsätta.
b) Kombinera keso och lök i en liten skål och rör om väl. Bred ut cirka 2-$\frac{1}{2}$ matskedar kesoblandning på varje muffinshalva.
c) Toppa varje muffinshalva med 1 äppelring; strö smulad ädelost jämnt över äppelringarna. Lägg på en bakplåt.
d) Stek 3 tum från värmen i 1-$\frac{1}{2}$ minut eller tills ädelost smält.

49. Ostravioli med rosmarin och citron

INGREDIENSER:
- 1 förpackning (16-ounce) ostravioli
- 1 kopp Fettfri keso
- ½ kopp indunstad skummjölk
- 1 tsk torkad rosmarin
- ¼ tesked salt
- ¼ tesked Nymalen svartpeppar
- 2 tsk färsk citronsaft
- ¼ kopp finstrimlad parmesan
- 3 msk klippt färsk gräslök
- 1 tsk Finstrimlat citronskal
- Citronklyftor; frivillig

INSTRUKTIONER:
a) Koka pastan enligt förpackningen. Häll av och ställ åt sidan.
b) Täck vid behov för att hålla värmen.
c) Under tiden, i en mixer eller matberedare, mixa eller bearbeta keso, mjölk, rosmarin, salt och peppar tills den är slät. Ställ kesoblandningen åt sidan.
d) Blanda parmesanost, gräslök och citronskal.
e) Häll av raviolin och lägg över den i en skål. Ringla citronsaften över den varma raviolin och blanda försiktigt. Häll sedan kesoblandningen ovanpå och rör försiktigt tills det är täckt.
f) För att servera, överför raviolin till tallrikar.
g) Strö ost-gräslök-citronskalblandningen ovanpå varje portion. Om så önskas, servera med citronklyftor.

50. Ravioli lasagne

INGREDIENSER:
- 1 paket fryst ostravioli
- 20 uns keso
- 2 ägg
- 10 uns fryst spenat
- 2 koppar mozzarellaost; strimlad
- ½ kopp parmesanost; riven
- 1 tsk italiensk krydda eller pizzakrydda
- Spaghettisås med kött

INSTRUKTIONER:
a) Förbered din favorit spaghettisås med kött.
b) Blanda keso, krydda, ägg, parmesanost, spenat och 1 kopp mozzarellaost.
c) I en stor rektangulär ugnsform, varva sås, hälften av raviolin, hälften av ostblandningen, ytterligare ett lager sås, den andra hälften av raviolin, resten av ostblandningen, och avsluta med ett lager sås.
d) Grädda i 300 grader i cirka 30 minuter.
e) Lägg resten av mozzarellaosten ovanpå och sätt tillbaka till ugnen tills osten smält.

51. Carbquik lasagnepaj

INGREDIENSER:
- ½ kopp keso
- ¼ kopp riven parmesanost
- 1 pund nötfärs, brynt och avrunnen
- 1 dl riven mozzarellaost, delad
- 1 tsk torkad oregano
- ½ tesked torkad basilika
- 6 uns tomatpuré
- 1 kopp Carb Countdown 2%
- 2 stora ägg
- ⅔ kopp Carbquik
- 1 tsk salt
- ¼ tesked peppar

INSTRUKTIONER:
a) Värm ugnen till 400°F (375°F om du använder en ugnsform i glas). Smörj en 8-tums fyrkantig panna och ställ den åt sidan.

b) Varva keso och riven parmesanost i den förberedda pannan.

c) Kombinera den kokta nötfärsen, ½ kopp mozzarellaost, torkad oregano, torkad basilika (eller italiensk krydda) och tomatpuré i en mixerskål. Skeda denna blandning jämnt över ostlagren.

d) I en annan skål, vispa ihop mjölk, ägg, Carbquik, salt och peppar tills blandningen är slät. Du kan använda en mixer på hög i 15 sekunder eller en stavvisp i 1 minut.

e) Häll ägg- och Carbquik-blandningen i pannan över nötkötts- och ostlagren.

f) Grädda i den förvärmda ugnen tills pajen är gyllenbrun och en kniv i mitten kommer ut ren, vilket bör ta cirka 30 till 35 minuter.

g) Strö över resten av mozzarellaosten och låt pajen stå i 5 minuter innan servering.

h) Njut av din lasagnepaj, en lågkolhydratsnål och rejäl rätt som påminner om klassisk lasagne!

52. Lasagne i en mugg

INGREDIENSER:
- 2 pasta lasagneplattor, redo att serveras
- 6 uns vatten
- 1 tsk olivolja eller matlagningsspray
- 3 msk pizzasås
- 4 msk Ricotta eller keso
- 3 matskedar spenat
- 1 msk cheddarost
- 2 msk kokt korv

INSTRUKTIONER:
a) Bryt lasagneplattorna och lägg dem ordentligt i formen.
b) Spraya med olivolja, undviker att fastna.
c) Täck lasagnen med vatten.
d) Tillaga i 4 minuter i mikrovågsugnen eller tills pastan ser mjuk ut.
e) Ta bort vattnet och ställ pastan åt sidan.
f) Tillsätt pizzasås och lite pasta i en mugg i samma mugg.
g) Lägg spenat, ricotta och korv i lager.
h) Strö cheddarost på toppen.
i) Fortsätt lager igen börja med pasta.
j) Placera i mikrovågsugnen och täck med ett mikrovågssäkert lock.
k) Koka i mikrovågsugn i 3 minuter.
l) Låt svalna i 2 minuter och njut.

53. Focaccia al formaggio

INGREDIENSER:
- 1 pund Loaf fryst bröddeg; tinat
- 1 ägg
- 1 kopp keso
- 2 msk parmesan
- ½ tesked torkad basilika
- ½ tsk torkade oreganoblad
- ¼ tesked vitlökssalt
- ¼ tesked peppar
- ¾ kopp Förberedd pizzasås
- 3 uns mozzarella

INSTRUKTIONER:
a) Dela bröddegen på mitten. Tryck ut och sträck ut ena halvan i en smord 13x9" bakform, tryck upp degen på sidorna för att bilda en grund kant. Vispa ägget i skålen, rör ner resten av ingredienserna förutom pizzasås och mozzarella.
b) Fördela jämnt över degen. Sträck ut resterande hälften av degen så att den passar formen, lägg över fyllningen och tryck till degkanterna för att täta helt. Låt jäsa på en varm plats tills den fördubblats ca 1 timme.
c) Fördela pizzasås jämnt över bröddegen, strö över mozzarella.
d) Grädda 375, 30 minuter tills kanterna är knapriga och osten smält.
e) Kyl 5 minuter. Skär i rutor.

54. Ostlik kalkonköttfärslimpa

INGREDIENSER:
- 2 ägg
- 1 pund mozzarellaost, skuren i tärningar
- 2 pund malen kalkon
- 2 tsk italiensk krydda
- $\frac{1}{4}$ kopp basilikapesto
- $\frac{1}{2}$ kopp parmesanost, riven
- $\frac{1}{2}$ kopp marinarasås, utan socker
- 1 kopp keso
- 1 tsk salt

INSTRUKTIONER:
a) Placera ställningen i bottenläge och stäng luckan. Välj bakningsläge, ställ in temperaturen på 390 °F och ställ in timern på 40 minuter. Tryck på inställningsratten för att förvärma.
b) Smörj en gryta med smör och ställ åt sidan.
c) Tillsätt alla ingredienser i den stora skålen och blanda tills det är väl blandat.
d) Överför blandningen till grytformen.
e) När enheten är förvärmd, öppna dörren, placera grytan på gallret och stäng dörren.
f) Servera och njut.

55. English Cottage Pie Lasagne

INGREDIENSER:

- 9 lasagnenudlar
- 1 pund nötfärs
- 1 lök, hackad
- 2 morötter, finhackade
- 1 dl frysta ärtor
- 2 vitlöksklyftor, hackade
- 1 msk Worcestershiresås
- 1 tsk torkad timjan
- 1 tsk torkad rosmarin
- ½ tsk salt
- ¼ tesked svartpeppar
- 2 koppar potatismos
- 1 dl riven cheddarost

INSTRUKTIONER:

a) Värm ugnen till 375 ° F (190 ° C) och smörj lätt en 9x13-tums ugnsform.
b) Koka lasagnenudlarna enligt anvisningarna på förpackningen. Häll av och ställ åt sidan.
c) Koka nötfärs, hackad lök, hackade morötter, frysta ärtor och hackad vitlök i en stor stekpanna tills köttet är brynt och grönsakerna mjuknat. Tappa ur allt överflödigt fett.
d) Rör ner Worcestershiresås, torkad timjan, torkad rosmarin, salt och svartpeppar. Simma i 10 minuter.
e) Bred ut ett tunt lager av köttblandningen på botten av ugnsformen. Lägg tre lasagnenudlar ovanpå.
f) Bred ett lager potatismos över nudlarna, följt av ett lager av köttblandningen.

g) Upprepa lagren med tre lasagnenudlar, potatismos och köttblandning.

h) Toppa med de återstående tre lasagnenudlarna och strö strimlad cheddarost över.

i) Grädda i 25 minuter tills osten är smält och bubblig.

Låt den svalna några minuter innan servering.

56. Bönlasagne

INGREDIENSER:
- 1 matsked vegetabilisk olja
- 1 kopp hackad lök
- 3 vitlöksklyftor, hackade
- 14 uns burk tomatsås
- 1 liten burk tomatpuré
- 3 matskedar Oregano
- 2 msk basilika
- ½ tsk paprika
- 1½ koppar blandade bönor
- 1½ koppar mager keso
- 2 koppar Mozzarella med låg fetthalt [riven]
- 1 ägg
- 8 lasagnenudlar [kokta]
- 1 tsk korianderblad [hackad]
- 2 msk parmesanost

INSTRUKTIONER:
a) Blötlägg bönorna i fyra till åtta timmar. Täck med vatten i en kastrull och låt bönorna koka upp. Simma i 30 - 40 minuter. Hetta upp olja, fräs lök och vitlök tills den är mjuk.

b) Tillsätt tomatsås, tomatpuré, oregano, basilika, paprika och kokta, avrunna bönor. Koka upp, minska värmen och låt sjuda i 8-10 minuter.

c) Tillsätt korianderblad.

d) Värm ugnen till 325 F.

e) Kombinera keso, mozzarella och ägg. Lägg ett lager nudlar, ett lager bönblandning och ett lager ostblandning i en smord lasagnepanna.

f) Fortsätt, varva nudlar, bönor och ost, avsluta med ett lager ost på toppen.
g) Strö parmesanost över det översta lagret.
h) Grädda i 40 minuter vid 325 F.

57. Pepperoni lasagne

INGREDIENSER:

- ¾ lb. köttfärs
- ¼ tesked mald svartpeppar
- ½ lb. salami, hackad
- 9 lasagnenudlar
- ½ lb. pepperonikorv, hackad
- 4 dl riven mozzarellaost
- 1 lök, finhackad
- 2 dl keso
- 2 (14,5 uns) burkar stuvade tomater
- 9 skivor vit amerikansk ost
- 16 uns tomatsås
- riven parmesanost
- 6 uns tomatpuré
- 1 tsk vitlökspulver
- 1 tsk torkad oregano
- ½ tsk salt

INSTRUKTIONER:

a) Stek din pepperoni, nötkött, lök och salami i 10 minuter. Ta bort överflödig olja. Lägg in allt i din slow cooker på låg nivå med lite peppar, tomatsås och pasta, salt, stuvade tomater, oregano och vitlökspulver i 2 timmar.
b) Sätt på ugnen till 350 grader innan du fortsätter.
c) Koka din lasagne i saltvatten tills den är al dente i 10 minuter, ta sedan bort allt vatten.
d) I din ugnsform, applicera ett lätt täcke av sås och lägg sedan på: ⅓ nudlar, 1 ¼ kopp mozzarella, ⅔ kopp keso, amerikanska ostskivor, 4 tsk parmesan, ⅓ kött. Fortsätt tills skålen är full.
e) Koka i 30 minuter.

58. Linguine med ostsås

INGREDIENSER:
- ½ kopp vanlig yoghurt med låg fetthalt
- 1 rått ägg
- ⅓ kopp 99 % fettfri keso
- Salt eller salt med smörsmak
- Peppar
- ½ tsk oregano eller pizzakrydda
- 3 uns schweizisk ost, grovt strimlad
- ⅓ kopp färsk hackad persilja

INSTRUKTIONER:
a) Över het linguine, rör snabbt ner yoghurten och sedan ägget för att tjockna.
b) Rör sedan ner resterande ingredienser.
c) Sätt grytan på mycket låg värme tills osten smält.

59. Rustik stugpaj

INGREDIENSER:

- Yukon Gold potatis, skalad och tärnad
- 2 msk veganskt margarin
- 1/4 kopp vanlig osötad sojamjölk
- Salt och nymalen svartpeppar
- 1 msk olivolja
- 1 medelstor gul lök, finhackad
- 1 medelstor morot, finhackad
- 1 revbensselleri, finhackad
- 12 uns seitan, finhackad
- 1 dl frysta ärtor
- 1 kopp frysta majskärnor
- 1 tsk torkad salta
- 1/2 tsk torkad timjan

INSTRUKTIONER:

a) Koka potatisen i en kastrull med kokande saltat vatten tills den är mjuk, 15 till 20 minuter.

b) Låt rinna av väl och lägg tillbaka i grytan. Tillsätt margarin, sojamjölk och salt och peppar efter smak.

c) Mosa grovt med en potatisstöt och ställ åt sidan. Värm ugnen till 350°F.

d) Värm oljan på medelvärme i en stor stekpanna. Tillsätt löken, moroten och sellerin.

e) Täck över och koka tills de är mjuka, cirka 10 minuter. Överför grönsakerna till en 9 x 13-tums bakpanna. Rör ner seitan, svampsås, ärtor, majs, salta och timjan.

f) Smaka av med salt och peppar efter smak och fördela blandningen jämnt i bakformen.

g) Toppa med potatismos, bred ut till kanterna på bakformen. Grädda tills potatisen fått färg och fyllningen är bubblig ca 45 minuter.

h) Servera omedelbart.

60. Margaritas pasta primavera

INGREDIENSER:
- 1 kopp keso med låg fetthalt
- 1 msk färsk citronsaft
- 8 uns tunn spaghetti
- 1 matsked acceptabel vegetabilisk olja
- ¼ kopp hackad salladslök
- ½ kopp hackad lök
- 1 vitlöksklyfta, finhackad
- ¼ tesked nymalen svartpeppar,
- Eller två nycklar
- 2 koppar skivade färska svampar
- 1 kopp skivad grön paprika
- 1½ koppar skivade morötter
- 10 uns fryst utan salt
- Broccoli ångad

INSTRUKTIONER:
a) Häll av eventuell vätska från kesoen. I en skål, kombinera keso och citronsaft. Avsätta.
b) Förbered spaghetti enligt förpackning, utelämna salt.
c) Häll av ordentligt.
d) Värm under tiden olja i en stekpanna på medelhög värme. Tillsätt salladslök, lök, vitlök och svartpeppar och fräs 1 minut4. Tillsätt svamp och rör om i 1 minut. Tillsätt sedan paprika, morötter och broccoli och rör om i ytterligare 3-4 minuter. Avsätta.
e) I en annan skål, släng blandningen av spagetti och keso så att den blir jämn. Toppa med sauterade grönsaker.

61. Monterey Jack Souffle

INGREDIENSER:
- 1 pund korv, kokt
- 2 koppar Monterey Jack Cheese strimlad
- 3 koppar cheddarost skarp, strimlad
- 1 kopp strimlad mozzarellaost
- ½ kopp mjölk
- 1½ koppar mjöl
- 1 ½ koppar keso
- 9 ägg lätt vispade
- ⅓ kopp smör smält
- 1 burk Green Chiles liten, tärnad

INSTRUKTIONER:
a) Bred ut ½ av det smälta smöret i en 9x13 panna.
b) I en stor skål, kombinera de återstående ingredienserna och rör om väl.
c) Häll i en 9x13 panna.
d) Grädda i 375 grader i 50 minuter eller tills den är gyllene och den stickade kniven kommer ut ren.

62. med kyckling och keso

INGREDIENSER:
- 2 pund hel kyckling, skuren i bitar
- 3 uns helmjölk
- 1 tsk färsk citronsaft
- 1/2 tsk färsk ingefära, riven
- 2 vitlöksklyftor, hackade
- 4 uns keso, vid rumstemperatur
- 2 bananschalottenlök, skalade och hackade
- 1 morot, hackad
- 2 matskedar smör
- 1 msk torkad rosmarin
- 1/4 tsk mald svartpeppar
- Havssalt, två nycklar
- 4 dl kycklingfond, låg natriumhalt
- 1/2 dl parmesanost, gärna nyriven
- 1 msk färsk persilja, hackad

INSTRUKTIONER:
a) Lägg kycklingbitarna, mjölk, citronsaft, ingefära och vitlök i en blandningsskål; låt det marinera 1 timme i kylen.
b) Lägg till kycklingen, tillsammans med marinaden, i din Instant Pot. Tillsätt keso, schalottenlök, morot, smör, rosmarin, svartpeppar, salt och kycklingfond.
c) Säkra locket. Tryck på "Soppa"-knappen och koka i 35 minuter. När tillagningen är klar, använd en snabb tryckavlastning.
d) Ta bort kycklingen från matlagningsvätskan. Kassera benen och lägg tillbaka kycklingen i Instant Pot.
e) Tillsätt nyriven parmesanost till den varma matlagningsvätskan; rör om tills det smält och allt är väl

blandat. Häll upp i individuella serveringsskålar, garnera med färsk persilja och njut!

63. Keso Manicotti

INGREDIENSER:
FÖR MANICOTTI:
- 6 ägg
- 2 dl mjöl
- 1½ dl vatten
- Salta och peppra efter smak

RICOTTAOSTFYLLNING:
- 2 pund ost (kan vara grytost)
- 2 ägg
- Salt och peppar
- Persiljeflingor
- Riven parmesanost

INSTRUKTIONER:
a) Vispa ihop ägg, mjöl, vatten, salt och peppar efter smak.
b) Gör som tunna pannkakor, väldigt snabbt, på grill eller stekpanna (jag använder olivolja för att steka dem).
c) Fyll med ricottaostmix. Rulla upp. Täck med sås.
d) Grädda vid 350 grader F i ½ timme.
e) Lätt att ställa i 10 minuter innan servering.

RICOTTAOSTFYLLNING:
f) Mixa med en sked tills det är slätt och blandat ordentligt (jag använder hälften av detta).

64. Mamas spenatpaj

INGREDIENSER:
- 4 koppar cheddarkrutonger eller en örtkrytong
- Cirka 1½ pund spenatblad
- 8 uns cheddarost, skuren i ½-tums eller så kuber
- 1 pund keso
- 3 stora ägg, lätt vispade
- 3 matskedar osaltat smör, smält
- 4 skivor bacon, kokta tills de är knapriga
- Salt och nymalen svartpeppar

INSTRUKTIONER:
a) Värm ugnen till 375°F.
b) Koka upp en stor kastrull med vatten. Under tiden, fodra botten av en 9 × 13-tums ugnsform med ett enda lager av krutongerna.
c) När vattnet kokar tillsätter du spenatbladen och rör om. Låt dem knappt vissna – det tar cirka 10 sekunder – överför dem sedan till en sil och skölj dem under kallt vatten. När de är tillräckligt svala för att hantera, krama ut så mycket vätska du kan med händerna. Lägg över spenaten på en skärbräda och hacka den grovt.
d) Tillsätt spenaten i en stor skål tillsammans med cheddar, keso, ägg och smält smör. Använd händerna för att smula ner baconet i skålen och rör om blandningen tills den är väl blandad. Krydda med salt och peppar, tänk på att baconet redan har mycket salt i sig.
e) Lägg spenatblandningen över krutongerna i ett jämnt lager. För över formen till ugnen och grädda tills den precis stelnat och osten smält, ca 30 minuter.
f) Om du vill ha lite mer färg kan du avsluta den under broilern i en extra minut eller två.

65. Beef 'n' Noodle Casserole

INGREDIENSER:

- 1 paket (8 uns) medelstora nudlar
- 1/3 kopp skivad grön lök
- 1/3 kopp hackad grön paprika
- 2 matskedar smör
- 1 pund nötfärs
- 1 burk (6 uns) tomatpuré
- 1/2 kopp gräddfil
- 1 kopp 4% keso
- 1 burk (8 uns) tomatsås

INSTRUKTIONER:

a) Koka nudlar enligt anvisningarna på förpackningen; anstränga.

b) Fräs grön paprika och lök med smör i en stor stekpanna tills de är mjuka, cirka 3 minuter. Tillsätt nötkött och koka tills det inte finns något rosa kvar. Sila av överflödigt fett.

c) Blanda gräddfil och tomatpuré tillsammans i en medelstor skål, blanda i keso och nudlar. I en 2-quarts gryta, skikt 1/2 nudelblandningen; lägg 1/2 nötköttsblandningen ovanpå. Fortsätt att göra detsamma.

d) Häll jämnt över toppen av grytan med tomatsås.

e) Grädda i 350° tills de är genomvärmda, ca 30-35 minuter.

66. Bakad spenat Supreme

INGREDIENSER:
- 1 kopp fettreducerad kex/bakmix
- 2 äggvitor
- 1 ägg
- 1/4 kopp fettfri mjölk
- 1/4 kopp finhackad lök

FYLLNING:
- 10 uns fryst hackad spenat, tinad och pressad torr
- 1-1/2 dl fettfri keso
- 3/4 kopp strimlad Monterey Jack ost
- 1/2 kopp riven parmesanost
- 2 äggvitor
- 1 ägg
- 1 tsk torkad hackad lök

INSTRUKTIONER:

a) Blanda kexblandningen, lök, mjölk, ägg och äggvita i en liten skål. Blanda väl och häll sedan i en smord 11x7-tums bakform.

b) Blanda ihop fyllningsingredienserna i en annan skål. Skeda försiktigt ovanpå kexblandningen.

c) Utan att täcka, grädda i ugnen i 28 till 32 minuter vid 350 ° eller tills de är gyllenbruna. Stick in en kniv i mitten så ska den komma ut ren.

SALLADER OCH SIDOR

67. Kesogrönsakssallad

INGREDIENSER:
- 3 koppar (24 ounces) 4% keso
- 1 stor mogen avokado, skalad, urkärnad och hackad
- 1 medelstor tomat, hackad
- 1/4 kopp skivade pimiento-fyllda oliver
- 2 matskedar skivad grön lök

INSTRUKTIONER:
a) Blanda de första 4 ingredienserna i en serveringsskål.
b) Strö lök över.

68. Sparris, tomater och keso sallad

INGREDIENSER:

- 2 knippen grön sparris
- 150 g körsbärstomater
- 100 g keso
- 30 g skalade valnötter
- 30 g rostad majs
- 20 g skalade solrosfrön
- 2 matskedar vinäger
- 4 matskedar olivolja
- Peppar och salt

INSTRUKTIONER:

f) Rengör sparrisen. Tvätta först sparrisen under strömmen med kallt vatten, ta bort den hårdaste delen av stjälken och skär dem i bitar av samma storlek.

g) Koka upp vatten och koka. Medan du förbereder sparrisen, koka upp mycket saltvatten i en gryta, tillsätt dem och koka i 10 minuter tills de är mjuka men hela.

h) Avbryter tillagningen. När de är d1 tar du bort dem med en hålslev och sänker ner dem några ögonblick i en skål med isvatten för långsam tillagning. På så sätt kommer de att behålla sin intensiva gröna färg. Och töm dem sedan igen för att ta bort allt vatten.

i) Förbered resten av ingredienserna. Tvätta tomaterna, torka dem med absorberande papper och skär dem på mitten. Häll av kesoen och smula ner den. Och skär nötterna i små bitar.

j) Gör vinägretten. Ordna vinägern i en skål. Tillsätt en nypa salt och ytterligare en peppar och häll oljan, lite i taget, fortsätt att vispa med en gaffel, tills du får en väl emulgerad vinägrett.

k) Fördela sparrisen i 4 skålar. Tillsätt tomaterna, den smulade kesoen och de hackade valnötterna. Klä med föregående vinägrett.

l) Och garnera med solrosfrön och rostad majs.

69. Keso och fruktsallad

INGREDIENSER:

- 1 kopp keso
- 1 dl färska jordgubbar, skivade
- 1 dl färska blåbär
- 1 kopp färska ananasbitar
- 2 matskedar honung
- 1/4 kopp hackade färska myntablad

INSTRUKTIONER:

a) I en stor blandningsskål, kombinera keso, jordgubbar, blåbär och ananasbitar.
b) Ringla honung över frukt- och kesoblandningen.
c) Blanda försiktigt för att kombinera alla ingredienser.
d) Strö hackade färska myntablad ovanpå.
e) Servera omedelbart eller kyl tills den ska serveras.

70. Gurka och keso sallad

INGREDIENSER:
- 2 dl keso
- 2 gurkor, tunt skivade
- 1 rödlök, tunt skivad
- 2 msk färsk dill, hackad
- Salta och peppra efter smak

INSTRUKTIONER:
a) I en stor skål, kombinera keso, skivad gurka och skivad rödlök.
b) Strö färsk dill över blandningen.
c) Krydda med salt och peppar, anpassa efter smak.
d) Rör ihop ingredienserna försiktigt för att kombinera.
e) Ställ i kylen i cirka 30 minuter innan servering.

71. Keso och tomatsallad

INGREDIENSER:
- 1 1/2 dl keso
- 2 stora tomater, tärnade
- 1/2 rödlök, finhackad
- 2 msk färsk basilika, hackad
- 2 matskedar olivolja
- Salta och peppra efter smak

INSTRUKTIONER:
a) I en skål, kombinera keso, tärnade tomater och hackad rödlök.
b) Strö färsk basilika över blandningen.
c) Ringla olivolja ovanpå.
d) Krydda med salt och peppar, anpassa efter smak.
e) Blanda försiktigt ihop ingredienserna.
f) Servera omedelbart eller kyl tills den ska serveras.

EFTERRÄTT

72. Valnötscheesecake

INGREDIENSER:
- Mörbakelse
- 2 koppar keso
- ½ kopp socker; Granulerad
- 2 tsk majsstärkelse
- ½ kopp valnötter; hackad,
- 3 ägg; Stor, Separerad
- ½ kopp gräddfil
- 1 tsk citronskal; Riven

INSTRUKTIONER:
a) Värm ugnen till 325 grader F.
b) Tryck ut kesoen genom en sil och låt rinna av.
c) Vispa äggulorna i en stor skål tills de blir ljusa och skummande, tillsätt sedan sockret långsamt, fortsätt att vispa tills de är väldigt ljusa och släta.
d) Tillsätt keso till äggblandningen, blanda väl, tillsätt sedan gräddfil, majsstärkelse, citronskal och valnötter (om så önskas). Rör om tills alla ingredienser är väl blandade och blandningen är slät.
e) Vispa äggvitorna i en annan stor bunke tills de bildar mjuka toppar och vik sedan försiktigt ner dem i smeten. Häll blandningen i den förberedda skorpan och grädda i ca 1 timme.
f) Kyl till rumstemperatur innan servering.

73. Tranbärs-apelsincheesecake

INGREDIENSER:
- 1 kopp grahamssmulor
- 2 dl keso
- 1 förpackning lätt färskost; 8 uns
- ⅔ kopp socker
- ½ kopp vanlig yoghurt
- ¼ kopp mjöl; alla ändamål
- 2 koppar tranbär
- ½ kopp apelsinjuice
- 1 matsked Margarin; lätt, smält
- 2 äggvitor
- 1 ägg
- 1 matsked apelsinzest; riven
- 1 tsk vanilj
- ⅓ kopp socker
- 2 tsk majsstärkelse

INSTRUKTIONER:
a) Blanda ingredienserna till skorpan . Tryck över botten av 9-tums springformen.
b) Grädda vid 325 grader F i 5 minuter.
c) Mixa keso i en matberedare tills den är slät. Tillsätt färskost och bearbeta tills den är slät. Tillsätt resterande fyllningsingredienser; bearbeta tills den är slät. Häll i pannan. Grädda vid 325 grader F i 50 till 60 minuter eller tills nästan stelnat i mitten.
d) Kör en kniv runt kanten på kakan för att lossa den från kanten. Kyl på galler. Kyla.
e) Blanda tranbär, apelsinjuice och socker i en kastrull. Koka upp under konstant omrörning. Låt sedan sjuda i 3 minuter eller tills tranbären börjar poppa. Lös

majsstärkelse i 1 msk vatten. Lägg i pannan, koka och rör om i 2 minuter.

f) Kyl ner toppingen och bred den över kakan innan servering.

74. Ananas Nudel Kugel

INGREDIENSER:
FÖR NUDLAR:
- 450g torkade breda äggnudlar
- 1 st osaltat smör, skuren i bitar
- 1 kopp helmjölk
- 5 stora ägg, lätt vispade
- 12 koppar socker
- 2 teskedar vanilj
- 12 teskedar salt
- 1 (450 g) behållare med gräddfil
- 1 (450 g) behållare med liten ostmassa keso (4 % fett)
- 1 (560g) burk krossad ananas, avrunnen

FÖR TOPPING:
- 2 dl cornflakes, grovt krossade
- 2 matskedar socker
- 12 teskedar kanel
- 2 msk osaltat smör, skuren i bitar

INSTRUKTIONER:
FÖRBEREDA BOLLEN:
a) Sätt ugnsgallret i mitten och förvärm till 350°F (175°C).
b) Smöra en 13" x 9" x 2" ugnsform i glas eller keramik.
c) Koka nudlar i en kastrull med kokande saltat vatten tills de är al dente.
d) Låt rinna av väl, återgå till en varm gryta och tillsätt smör, rör tills nudlarna är täckta.
e) Vispa ihop mjölk, ägg, socker, vanilj och salt tills det blandas och vispa sedan i gräddfil.
f) Rör ner keso och ananas och lägg till nudlar, rör om för att täcka väl, häll sedan i en ugnsform.

GÖR TOPPING OCH BAKA KUGEL:

g) Rör ihop cornflakes, socker och kanel och strö jämnt över nudlar.

h) Pricka med smör och grädda tills kugeln stelnat och kanterna är gyllenbruna, ca 1 timme.

i) Låt stå 5 minuter innan servering.

75. Saffran Pistasch Panna Cotta

INGREDIENSER:
- 2 msk Mjuk paneer eller hemgjord keso
- 2 tsk socker
- 2 matskedar Mjölk
- 1 msk grädde
- 1 nypa saffran
- 1 stor nypa agaragarpulver
- 2 tsk pistagenötter
- 1 nypa kardemummapulver

INSTRUKTIONER:
a) Mosa mjuk paneer och sockerpulver tills det är slätt.
b) Koka upp 2 msk mjölk & 1 msk grädde och en nypa saffran tillsammans.
c) Tillsätt en stor nypa agar-agarpulver.
d) Vispa tills den är slät.
e) Tillsätt paneermix, kardemummapulver och hackad pistage. Blanda väl.
f) Tillsätt ¼ tesked hackad pistage i en smord form. Häll pannacottamix.
g) Kyl i 2 timmar i kylen.
h) avforma och servera. Tillsätt lite valfri sirap och frukt på toppen.
i) Du kan justera sockret efter smak.

76. Keso tiramisu

INGREDIENSER:

- ½ kopp socker
- 1 kopp fettfri keso
- 1 kopp fettfri gräddfil alternativ
- 2 msk mörk rom
- 8-ounce kartong med vanilj yoghurt med låg fetthalt
- 8-ounce paket Neufchatel ost
- 1¼ koppar varmt vatten
- 1 matsked Plus
- ½ tesked Instant espressokaffe granulat
- 40 Ladyfingers
- ½ tesked osötad kakao

INSTRUKTIONER:

a) Placera de första 6 ingredienserna i en matberedare med ett knivblad och bearbeta tills det är slätt; avsätta.

b) Blanda hett vatten och espressogranulat i en liten skål. Dela ladyfingers på mitten på längden. Doppa snabbt 20 av halvorna, med snittsidan nedåt, i espresso och lägg, med doppsidan nedåt, i botten av en 9-tums fyrkantig ugnsform.

c) Doppa ytterligare 20 ladyfingerhalvor, med skärsidan nedåt, i espresso och placera den med doppade sidan nedåt, ovanpå det första lagret. Fördela 2 C av ostblandningen jämnt över ladyfingers. Upprepa proceduren med de återstående ladyfingerhalvorna, espresso och ostblandningen.

d) Placera tandpetare i varje hörn och 1 i mitten av tiramisun för att förhindra att plastfolie fastnar på ostblandningen. Täck med plastfolie och ställ i kylen i 3 till 8 timmar. Strö över kakao före servering.

77. Keso Dadelglass

INGREDIENSER:
- ⅓ kopp hackade urkärnade dadlar
- 4 matskedar rom
- 2 ägg, separerade
- ½ kopp strösocker
- ⅔ kopp mjölk
- 1 ½ dl keso
- Finrivet skal och saft av 1 citron
- ⅔ kopp grädde, vispad
- 2 msk finhackad ingefära

INSTRUKTIONER:
a) Blötlägg dadlar i rummet i ca 4 timmar. Lägg äggulor och socker i en skål och vispa tills det blir ljust. Värm mjölk till en sjudpunkt i en kastrull och rör ner i äggulor. Häll tillbaka blandningen i den sköljda pannan och koka på låg värme, under konstant omrörning, tills den tjocknat. Coolt, stirrar ibland.

b) Bearbeta keso, citronskal och juice och rom silade från dadlarna tillsammans i en mixer eller matberedare tills den är slät och blanda sedan med vaniljsåsen. Häll blandningen i en behållare, täck över och frys tills den precis blir fast. Vänd i en skål, vispa väl och vänd sedan ner vispad grädde, dadlar och ingefära. Vispa äggvitan i en skål tills den blir hård men inte torr och vänd ner i fruktblandningen. Häll tillbaka blandningen i behållaren. Täck över och frys tills det stelnar.

c) Ca 30 minuter innan servering, för över glassen till kylen.

78. Keso Cheesecake

INGREDIENSER:
FÖR SKORPA
- ¼ kopp hårt margarin, smält
- 1 kopp låg fetthalt graham cracker smulor
- 2 matskedar vitt socker
- ¼ matsked kanel

FÖR TÅRTA
- 2 koppar keso med låg fetthalt, mosad
- 3 matskedar universalmjöl
- 1 tsk vaniljextrakt
- 2 ägg
- ⅔ kopp vitt socker

INSTRUKTIONER:
a) Förbered ugnen genom att förvärma den till 325 grader Fahrenheit.

b) Kombinera smält margarin, grahamssmulor, socker och kanel.

c) Fyll en 10-tums springform halvvägs med skorpblandningen.

d) Blanda den mjukgjorda keso, mjölk, ägg, mjöl, vanilj och socker tills det är väl blandat.

e) Häll blandningen i pajskalet.

f) Grädda i 60 minuter i ugnen.

79. Burekas

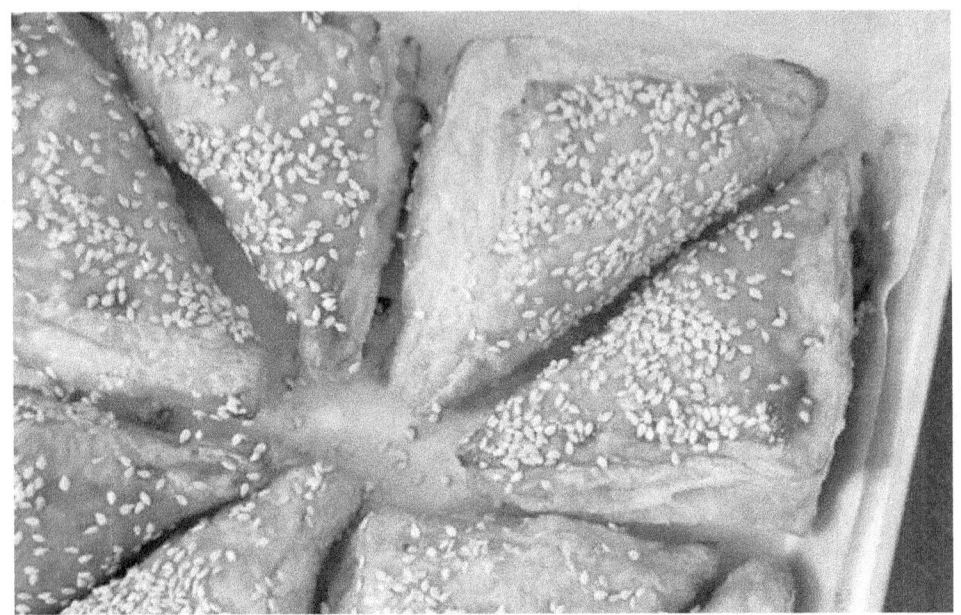

INGREDIENSER:
- 1 lb / 500 g smördeg av bästa kvalitet
- 1 stort frigående ägg, uppvispat

RICOTTA-FYLLNING
- ¼ kopp / 60 g keso
- ¼ kopp / 60 g ricottaost
- ⅔ kopp / 90 smulad fetaost
- 2 tsk / 10 g osaltat smör, smält

PECORINO-FYLLNING
- 3½ msk / 50 g ricottaost
- ⅔ kopp / 70 g riven lagrad pecorinoost
- ⅓ kopp / 50 g riven lagrad cheddarost
- 1 purjolök, skuren i 2-tums / 5 cm segment, blancherad tills den är mjuk och finhackad (¾ kopp / 80 g totalt)
- 1 msk hackad plattbladspersilja
- ½ tsk nymalen svartpeppar

FRÖN
- 1 tsk nigellafrön
- 1 tsk sesamfrön
- 1 tsk gula senapsfrön
- 1 tsk kumminfrön
- ½ tsk chiliflakes

INSTRUKTIONER

a) Kavla ut degen till två 12-tums / 30 cm fyrkanter vardera ⅛ tum / 3 mm tjocka. Lägg bakplåtarna på en bakplåtspapperklädd plåt – de kan vila ovanpå varandra, med ett bakplåtspapper emellan – och låt stå i kylen i 1 timme.

b) Lägg varje uppsättning fyllningsingredienser i en separat skål. Blanda och ställ åt sidan. Blanda ihop alla frön i en skål och ställ åt sidan.

c) Skär varje bakelse ark i 4-tums / 10 cm rutor; du bör få 18 rutor totalt. Fördela den första fyllningen jämnt mellan hälften av rutorna, skeda den på mitten av varje ruta. Pensla två intilliggande kanter av varje ruta med ägg och vik sedan kvadraten på mitten för att bilda en triangel. Tryck ut eventuell luft och nyp ihop sidorna ordentligt. Man vill trycka till kanterna väldigt bra så att de inte öppnar sig under tillagningen. Upprepa med de återstående bakverksrutorna och den andra fyllningen. Lägg på en bakplåtspappersklädd plåt och ställ i kylen i minst 15 minuter för att stelna. Värm ugnen till 425°F / 220°C.

d) Pensla de två kortkanterna av varje bakverk med ägg och doppa dessa kanter i fröblandningen; en liten mängd frön, bara 1/16 tum / 2 mm breda, är allt som behövs, eftersom de är ganska dominerande. Pensla även toppen av varje bakverk med lite ägg, undvik fröna.

e) Se till att bakverken är åtskilda med cirka 3 cm mellanrum.

f) Grädda i 15 till 17 minuter, tills de är gyllenbruna överallt. Servera varm eller i rumstemperatur.

g) Om en del av fyllningen rinner ut ur bakverken under gräddningen är det bara att stoppa tillbaka det försiktigt när de är tillräckligt svala för att kunna hanteras.

80. Fransk osttårta

INGREDIENSER:
- 2 koppar Mjöl för alla ändamål; osiktad
- ¼ tesked Salt
- ½ tsk Bakpulver
- ⅔ kopp Smör eller margarin
- ⅓ kopp Strösocker
- 2 Äggulor
- 2 matskedar Tung grädde
- ½ tsk Rivet citronskal
- 4 matskedar Smör eller margarin
- ⅔ kopp Strösocker
- 2 koppar Torr keso
- 1 Äggula
- ¼ kopp Tung grädde
- ⅓ kopp Gyllene russin
- ½ tsk Rivet citronskal
- 1 Äggvita; något slagen
- Florsocker

INSTRUKTIONER:
a) I en skål, sikta mjöl, salt och bakpulver.

b) Med en konditormixer skär du i smör tills blandningen liknar grova smulor.

c) Tillsätt ⅓ kopp strösocker, 2 äggulor, 2 msk tjock grädde och ½ tesked citronskal; med en gaffel, blanda tills degen håller ihop.

d) Vänd ut på lätt mjölat underlag; knåda tills den är slät, ca 2 minuter.

e) Forma till en boll; slå in i vaxat papper. Kyl degen i 30 minuter. Gör ost

FYLLNING:

f) I en skål med en elektrisk mixer på hög hastighet, vispa smör, strösocker och keso tills det är väl blandat, cirka 3 minuter.

g) Tillsätt äggulor och grädde; slå bra. Rör ner russin och citronskal. Värm ugnen till 350 F.

h) Smörj lätt en 13x9x2" bakplåt. Dela degen på mitten.

i) Kavla ut hälften av degen till en 13x9" rektangel på en lätt mjölad yta.

j) Passa in i botten av den förberedda pannan. Häll i fyllningen, fördela jämnt.

k) Dela resterande bakelse på mitten. Skär ena halvan i 5 lika stora bitar.

l) Rulla varje bit på ett bräde till en pennliknande remsa 13" lång.

m) Ordna dessa remsor på längden, $1\frac{1}{2}$" från varandra på fyllningen.

n) Med den återstående bakelsen, gör tillräckligt många remsor för att passa diagonalt, $1\frac{1}{2}$ tum från varandra, över längsgående remsor.

o) Pensla strimlor med äggvita.

p) Grädda i 40 minuter eller tills de är gyllenbruna. Lätt att stå i 5 minuter.

q) Strö sedan över konditorsocker och skär i 3-tums rutor. Servera varm.

81. Örtiga osttårtor

INGREDIENSER:
- ⅓ kopp Fina torra brödsmulor eller finkrossad zwieback
- 8 uns Paket med färskost, uppmjukad
- ¾ kopp Keso i gräddstil
- ½ kopp Strimlad schweizisk ost
- 1 msk Mjöl för alla ändamål
- ¼ tesked Torkad basilika, krossad
- ⅛ tesked Vitlökspulver
- 2 Ägg
- non-stick spraybeläggning
- mejeri gräddfil
- skivade eller skivade urkärnade mogna oliver, röd kaviar
- rostad röd paprika

INSTRUKTIONER

a) För skorpan, spraya tjugofyra 1¾-tums muffinskoppar med nonstick-spraybeläggning.

b) Strö brödsmulor eller krossad zwieback på botten och sidorna för att täcka.

c) Skaka kastruller för att ta bort överflödigt smulor. Avsätta.

d) I en liten mixerskål, kombinera färskost, keso, schweizisk ost, mjöl, basilika och vitlökspulver. Vispa med en elektrisk mixer på medelhastighet bara tills det är fluffigt.

e) Tillsätt ägg; vispa på låg hastighet bara tills det blandas. Överdriv inte.

f) Fyll varje smulfodrad muffinskopp med 1 matsked av ostblandningen. Grädda i en 375-graders ugn i 15 minuter eller tills mitten ser fast.

g) Kyl i formar på galler i 10 minuter. Ta bort från pannan.

h) Kyl ordentligt på galler.

i) För att servera, bred toppar med gräddfil. Garnera med oliver, kaviar, gräslök och/eller röd paprika och olivsnitt.

j) Grädda och svalna tårtor enligt anvisningarna, förutom att inte breda ut dem med gräddfil eller toppa med garnering.

k) Täck över och kyl i kylen i upp till 48 timmar. Låt tårtor stå i rumstemperatur i 30 minuter innan servering.

l) Bred ut med gräddfil och garnera enligt anvisningarna.

82. Betkaka

INGREDIENSER:
- 1 dl Criscoolja
- ½ kopp smör, smält
- 3 ägg
- 2 koppar socker
- 2½ dl mjöl
- 2 teskedar kanel
- 2 teskedar bakpulver
- 1 tsk salt
- 2 teskedar vanilj
- 1 kopp Harvardbetor
- ½ kopp krämig keso
- 1 kopp krossad ananas, avrunnen
- 1 dl hackade nötter
- ½ kopp kokos

INSTRUKTIONER:

a) Blanda olja, smör, ägg och socker.

b) Tillsätt mjöl, kanel, läsk och salt.

c) Vänd ner vanilj, rödbetor, keso, ananas, nötter och kokos.

d) Häll i en 9x13-tums panna.

e) Grädda i 350 grader i 40-45 minuter. Servera med vispad grädde.

83. Äppel-ostglass

INGREDIENSER:
- 5 kokt äpplen, skalade och urkärnade
- 2 dl keso, delad
- 1 kopp halv-och-halv, uppdelad
- ½ kopp äppelsmör, delat
- ½ kopp strösocker, delat
- ½ tsk mald kanel
- ¼ tesked mald kryddnejlika
- 2 ägg

INSTRUKTIONER:
a) Hacka äpplen i ¼-tums tärningar; avsätta. I en mixer eller matberedare, kombinera 1 kopp keso, ½ kopp halv-och-halva, ¼ kopp äppelsmör, ¼ kopp socker, kanel, kryddnejlika och ett ägg. Mixa tills det är slätt. Häll upp i en stor skål.
b) Upprepa med återstående keso, hälften och hälften, äppelsmör och ägg. Kombinera med den tidigare mosade blandningen. Rör ner hackade äpplen.
c) Häll i glassburk. Frys in i glassmaskinen enligt tillverkarens anvisningar.

84. Coconut Cheese Cheesecake

INGREDIENSER:
FÖR SKORPA:
- 1 ½ koppar Graham Cracker Crumbs
- ½ kopp matsked smör, smält
- 3 msk riven kokos

FÖR FYLLNING:
- 32 uns keso
- ¾ kopp sötningsmedel
- 7 uns grekisk kokosyoghurt
- 3 stora ägg
- 1 tsk vaniljextrakt
- 1 skopa proteinpulver med kokossmak (valfritt)

FÖR TOPPEN:
- 7 uns grekisk kokosyoghurt
- 2 msk keso
- ¼ kopp sötningsmedel
- ½ dl riven kokos

INSTRUKTIONER:
FÖR SKORPA:
a) Blanda Graham Cracker-smulorna, smält smör och riven kokos i en skål.

b) Tryck ut blandningen i botten av en cheesecakeform eller form.

c) Grädda i 375°F (192°C) i cirka 7-10 minuter tills det har fått lite färg.

d) Ta ut ur ugnen och ställ åt sidan för att svalna.

FÖR FYLLNING:
e) Tillsätt keso och sötningsmedel i en bunke och mixa till en slät smet.

f) Tillsätt sedan resten av ingredienserna och mixa till en slät smet.

g) Häll fyllningen över den avsvalnade skorpan och grädda i 50 minuter i den förvärmda ugnen.

h) Ta ut ur ugnen och svalna i rumstemperatur.

FÖR TOPPEN:

i) Vispa den grekiska kokosyoghurten, keso och sötningsmedel tills den är krämig.

j) Bred frostingen över den avsvalnade cheesecaken och toppa med riven kokos.

85. Nudelkugelpaj med keso

INGREDIENSER:
NUDELSKORPA:
- ½ pund bred kosher för påskäggnudlar
- 2 msk smör, smält

FYLLNING:
- 2 lökar, skivade
- olja för stekning
- 1 pund keso
- 2 koppar gräddfil
- ½ kopp socker
- 6 ägg
- 1 tsk mald kanel
- ½ kopp björnbär

GARNERING:
- Ytterligare björnbär

INSTRUKTIONER:
NUDELSKORPA:

a) Värm ugnen till 375 grader F.

b) Koka äggnudlarna i saltat vatten i cirka 4 minuter eller tills de är lite underkokta.

c) Häll av nudlarna och överför dem till en skål.

d) Ringla över 2 matskedar smält smör och rör om.

FYLLNING:

e) I en medelstor kastrull, värm oljan på medelvärme och koka sedan löken tills den mjuknar. Ta bort från pannan.

f) Vispa ihop den kokta löken, keso, gräddfil, socker, ägg och mald kanel i en skål tills den är väl blandad.

g) Vänd försiktigt ner björnbären i fyllningsblandningen.

HOPSÄTTNING:

h) Smörj en cirka 9 x 13-tums bakform.

i) Ordna de smörade äggnudlarna i botten av ugnsformen för att bilda en skorpa.

j) Häll fyllningsblandningen över nudelskorpan.

BAKNING:

k) Grädda i den förvärmda ugnen tills vaniljen stelnat och toppen är gyllenbrun, ca 40-45 minuter.

SERVERING:

l) Låt Noodle Kugel Pie svalna något innan servering.

m) Servera, toppat med mer björnbär.

86. Rosa festsallad

INGREDIENSER:
- 1 burk (Nr 2) krossad ananas
- 24 stora Marshmallows
- 1 förpackning Jordgubbs Jello
- 1 kopp Vispgrädde
- 2 koppar Sm. ostmassa keso
- $\frac{1}{2}$ kopp Nötter; hackad

INSTRUKTIONER:

a) Värm juice från ananas med marshmallows och Jello. Häftigt.

b) Blanda vispad grädde, ananas, keso och nötter. Tillsätt den första blandningen och vänd ihop.

c) Kyl över natten.

87. Stekt ananasdessert

INGREDIENSER:

- 1 färsk ananas, urkärnad, skalad
- 3 msk hallonvinägrettdressing
- 2 koppar 2% Mjölkfett med låg fetthalt keso
- 1/2 kopp granatäpplekärnor

INSTRUKTIONER:

a) Förvärm broiler. Skär ananas kors och tvärs i åtta skivor och arrangera på gallret av broiler pan, eller i en 15-tums x10-tums x1-tums bakpanna, pensla sedan dressingen jämnt.

b) Stek ananas 3-4 tum från värmekällan tills den är genomvärmd, cirka 4-5 minuter.

c) Ta upp ananasen på ett serveringsfat och lägg keso jämnt ovanpå. Strö granatäpplekärnor över toppen.

88. Cool limesallad

INGREDIENSER:
- 1/2 kopp odränerad krossad ananas på burk
- 2 msk limegelatin
- 1/4 kopp 4% keso
- 1/4 kopp vispad topping

INSTRUKTIONER:
a) Koka ananas i en liten kastrull.
b) Stäng av värmen, tillsätt gelatin och rör tills det är helt upplöst.
c) Låt svalna till rumstemperatur.
d) Tillsätt vispad topping och keso i pannan, rör om.
e) Kyl tills den stelnar.

KRYDDER

89. Kesosås

INGREDIENSER:
- 1 kopp (226 g) fettfri keso
- 1 kopp (235 ml) lättmjölk
- 2 matskedar (30 ml) vatten
- 2 matskedar (16 g) majsstärkelse

INSTRUKTIONER:
a) Blanda keso och mjölk i en mixer. Häll upp i en kastrull och värm nästan till en kokning. Avsätta. Tillsätt vattnet till majsstärkelsen och blanda till en pasta. Tillsätt kesoblandningen i kastrullen och rör om väl.
b) Koka i 10 minuter, rör hela tiden tills den tjocknar.

90. Låg fetthalt Scallion Dip

INGREDIENSER:
- 1 kopp (225 g) keso med låg fetthalt
- ¼ kopp (25 g) salladslök, hackad
- 2 teskedar (10 ml) citronsaft

INSTRUKTIONER:
a) Blanda alla ingredienser i en mixer eller matberedare och kör till en slät smet.
b) Ställ i kylen i minst en timme för att ge smakerna tid att utvecklas.

91. Stuga ört dressing

INGREDIENSER:
- 1 matsked Mjölk
- 12 uns keso
- 1 tsk citronsaft
- 1 liten lökskiva -- tunn
- 3 rädisor -- hälften
- 1 tsk blandade salladsörter
- 1 kvist persilja
- $\frac{1}{4}$ tesked salt

INSTRUKTIONER:
a) Lägg mjölk, keso och citronsaft i en mixerbehållare och mixa tills det är slätt.
b) Tillsätt de återstående ingredienserna till kesoblandningen och mixa tills alla grönsaker är hackade.

92. Örtad keso-pålägg

INGREDIENSER:

- 1 kopp keso
- 2 msk färsk gräslök, finhackad
- 1 msk färsk dill, hackad
- 1/2 tsk vitlökspulver
- Salta och peppra efter smak

INSTRUKTIONER:

a) Blanda keso, hackad gräslök, dill och vitlökspulver i en skål.
b) Krydda med salt och peppar efter smak.
c) Använd den som pålägg för kex, bröd eller som dipp för grönsaker.

93. Keso Salsa

INGREDIENSER:

- 1 kopp keso
- 1/2 kopp chunky salsa
- 1/4 kopp hackad färsk koriander
- 1/2 tsk spiskummin (valfritt)
- Salta och peppra efter smak

INSTRUKTIONER:

a) I en skål, kombinera keso, salsa, koriander och spiskummin (om du använder).
b) Krydda med salt och peppar efter smak.
c) Använd denna salsa som topping för bakad potatis, grillad kyckling eller som dipp till tortillachips.

94. Keso och honung duggregn

INGREDIENSER:
- 1 kopp keso
- 2 matskedar honung
- 1/4 tsk kanel (valfritt)

INSTRUKTIONER:
a) Skeda keso på en tallrik eller skål.
b) Ringla honung över kesoen.
c) Eventuellt, strö över en nypa kanel.
d) Njut som en söt och krämig efterrätt eller mellanmål.

95. Keso Pesto

INGREDIENSER:
- 1 kopp keso
- 2 msk pestosås
- 1/4 kopp riven parmesanost
- Salta och peppra efter smak

INSTRUKTIONER:
a) Blanda keso, pestosås och riven parmesanost i en skål.
b) Krydda med salt och peppar efter smak.
c) Använd denna kesopesto som pastasås, smörgåspålägg eller dipp för grönsaker.

SMOOTHIES OCH COCKTAILS

96. Kryddad hallonsmoothie

INGREDIENSER:
- $\frac{1}{2}$ kopp fettfri keso
- 1 kopp isbitar
- 1 tsk honung
- 2 dejter (urkärnade)
- 2 msk gammaldags havregryn
- 6 oz färska hallon
- Nypa mald kanel

INSTRUKTIONER:
a) Lägg alla ingredienser i en mixer och kör tills det är slätt.
b) Njut av.

97. Keso Power Shake

INGREDIENSER:
- $\frac{1}{4}$ kopp keso med låg fetthalt
- 1 dl blåbär (färska eller frysta)
- 1 skopa vaniljproteinpulver
- 2 matskedar linfrömjöl
- 2 msk valnötter, hackade
- $1\frac{1}{2}$ dl vatten
- 3 isbitar

INSTRUKTIONER:
a) Mixa tills det är slätt.
b) Smaka av och justera is eller ingredienser om det behövs.

98. Cheesy vaniljshake

INGREDIENSER:
- 16 oz. skummad mjölk
- 2 koppar fettfri keso
- 3 skopor proteinpulver
- 1/2 kopp fettfri, vaniljyoghurt
- 1 skopa av din favoritfrukt
- Splenda två nyckel
- 2-3 isbitar

INSTRUKTIONER:
a) Häll alla ingredienser i en mixer i 30-60 sekunder.

99. Bananproteinshake efter träning

INGREDIENSER:
- 2 bananer
- 1/2 kopp keso
- Vaniljvassleprotein
- Kopp mjölk
- Lite is
- 1/2 tesked farinsocker

INSTRUKTIONER:
a) Mixa tills det är slätt.
b) Smaka av och justera is eller ingredienser om det behövs.

100. Soja Smoothie

INGREDIENSER:
- 1 skopa proteinpulver
- 1 dl ekologisk sojamjölk
- 1 kopp keso
- $\frac{1}{4}$ - $\frac{1}{2}$ kopp rå honung
- Nypa salt

INSTRUKTIONER:

a) Blanda sojamjölk och keso för att ge Smoothien en grynig konsistens och tillsätt sedan honung och salt i proportion till din smak.

b) Tillsätt en skopa proteinpulver, vatten om det behövs och njut.

SLUTSATS

När vi kommer till slutet av vårt kulinariska äventyr i "DET ULTIMATA KOSTKÖKET", hoppas vi att du har njutit av att utforska de oändliga möjligheterna med keso. Med 100 läckra recept till hands, har du låst upp hemligheten till att förvandla vardagliga måltider till extraordinära upplevelser.

Keso, med sin rika krämiga konsistens och höga proteinhalt, har visat sig vara mer än bara ett mejeriprodukt. Det är nyckelingrediensen till hälsosammare, godare och mer spännande måltider. Från frukost till middag och varje mellanmål däremellan, du har sett hur denna mångsidiga ingrediens kan bli stjärnan i showen.

Vi har rört, sauterat, bakat och blandat, och nu är det din tur att ta tyglarna. Låt fantasin flöda i köket. Experimentera med smaker, texturer och ingredienser för att skapa dina egna kesomästerverk.

Men kom ihåg, hjärtat i alla kök är inte bara ingredienserna eller recepten – det är kärleken och passionen du ingjuter i din matlagning. Så när du fortsätter din kulinariska resa, laga alltid mat med kärlek, och du kommer att vara säker på att skapa måltider som inte bara gläder gommen utan också värmer hjärtat.

Tack för att du är med i "DET ULTIMATA KOSTKÖKET."
Må dina framtida måltider fyllas med glädje, hälsa och keso. Glad matlagning!

www.ingramcontent.com/pod-product-compliance
Lightning Source LLC
Chambersburg PA
CBHW071314110526
44591CB00010B/884